KB253181

차이나 임팩트

| 모빌리티 패권 전쟁 |

차이나 임팩트
모빌리티 패권 전쟁

초판 1쇄 인쇄 2026년 3월 23일
　　　　1쇄 발행 2026년 3월 31일

지은이 이정원

펴낸이 우세웅
책임편집 김은지
북디자인 김세경

종이 페이퍼프라이스㈜
인쇄 ㈜다온피앤피

펴낸곳 슬로디미디어
출판등록 2017년 6월 13일 제25100-2017-000035호
주소 경기 고양시 덕양구 청초로 66, 덕은리버워크 A동 15층 18호
전화 02)493-7780 **팩스** 0303)3442-7780
홈페이지 slodymedia-mo2.imweb.me **전자우편** wsw2525@gmail.com(사업 제휴)

ISBN 979-11-6785-304-2 (03320)
글 ⓒ 이정원, 2026

※ 슬로디미디어는 여러분의 소중한 원고를 기다리고 있습니다.
　wsw2525@gmail.com 메일로 개요와 취지, 연락처를 보내주세요.

※ 본문 내 이미지는 독자의 이해를 돕기 위해 각 기업 및 기관의 출처를 표기하여 사용하였습니다.

피지컬 AI, 자율주행, 전기차, SDV, 배터리, UAM
중국이 만든 변화와 대응 전략

차이나 임팩트

모빌리티 패권 전쟁

이정원
지음

CHINA IMPACT

슬로디미디어

거대한 모빌리티 대전환의 시대, 중국의 '내일'에서 우리의 '생존'을 읽어야 한다. 과거 모방과 내수 시장에 의존하던 중국은 전기차, 배터리, 자율주행, 로보틱스 등 모빌리티 산업의 핵심 영역에서 차별화된 경쟁력을 확보했다. 저자는 중국 모빌리티 산업의 급격한 성장과 위협에 대해 입체적으로 조명하며, 글로벌 기업들이 직면한 위기를 기회로 바꿀 정교한 대응 전략을 제시한다. 미래 모빌리티의 넥스트 스텝이 무엇인지 이 책이 답을 줄 것이다.

삼성SDI 부사장 / 상근고문 안병기

"추월차선에 올라탄 중국, 그들이 설계한 모빌리티 게임의 법칙"

과거 추격자로 여겨졌던 중국이 모빌리티 산업을 선도하고 있다. 전기차, SDV, 자율주행 등 자동차 산업의 핵심 트렌드에서 앞서가며 기존 자동차 기업들에게 커다란 충격을 선사하고 있다. 저자는 중국의 모빌리티 전략을 날카롭게 파헤치며 경쟁에서 승리하기 위한 전략을 제시한다. 거대한 내수 시장을 발판 삼아 글로벌 표준을 만드는 중국을 이해하고 싶은 이들에게 이 책은 가장 명확하고 서늘한 전략적 지침서가 될 것이다.

현대자동차 글로벌서비스실장 박성린

모빌리티 산업 현장에서 느끼는 중국의 혁신 속도는 상상을 초월한다. 이제 '우리가 무엇을 잘하는가'보다 '중국이 무엇을 바꾸고 있는가'에 주목해야 한다. 중국은 모빌리티 강대국으로서 산업 내 혁신을 주도하고 있다. 저자의 날카로운 통찰은 중국에 대한 기존 인식에 경종을 울린다. 모빌리티 산업에서 차별화된 전략을 고민하는 리더들에게 이 책은 신선한 충격과 인사이트를 선사할 것이다.

오픈마일 대표 박경현

지상에서 하늘까지, 글로벌 모빌리티 경쟁에서 중국은 빠른 속도로 발전하고 있다. 전기차, UAM 등 핵심 분야에서 중국은 글로벌 선도국으로 도약했다. 이제 중국은 자국을 넘어 해외로 눈길을 돌리고 있다. 미래 모빌리티 경쟁에서 승리하기 위해서는 중국에 대해 철저히 분석하고 준비해야 한다. 이 책은 그 치열한 경쟁에서 주도권을 잡기 위한 명확한 방향성을 제시하고 있다. 모빌리티 경쟁에서 생존을 넘어, 지속 성장을 위한 길을 찾는 사람들에게 강력히 추천하는 책이다.

위플로 대표 김의정

전기차 전환에 성공한 중국은 본격적인 전동화 시대의 서막을 열었다. 전기차, 배터리, 충전 인프라까지, 이상적인 전기차 생태계 조성을 위한 기반을 구축했다. 이제 중국 전기차는 자국 시장만을 향하지 않는다. 유럽과 동남아시아를 넘어 전 세계 도로를 점령하기 시작했다. 중국발 글로벌 자동차 지각변동이 시작된 것이다. 저자는 중국이 만든 변화와 위협을 냉철하게 분석하고, 그에 대한 대응 전략을 제시했다. 모빌리티 산업에 종사하고 있는 사람이라면 반드시 읽어야 할 책이다.

소프트베리 부대표 이재호

프롤로그

우리는 '이동의 패러다임'이 새롭게 정의되는 모빌리티 시대에 살고 있다. '목적지로의 이동'이 전부였던 과거와는 다르다. 이제는 어떻게 하면 더 빠르고 편안하게 이동할 수 있는지가 가장 중요한 목표가 됐다. 이동 목적, 방식, 경험 등 모든 게 새롭게 정의되고 변하고 있다. 그에 따라 산업 체계와 서비스도 진화하고 있다. 사람들에게 '최상의 이동 경험'을 줄 수 있는 모빌리티 환경이 조성되고 있는 것이다.

모빌리티가 중요한 키워드가 된 시점은 그리 오래되지 않았다. '이동성'을 뜻하는 사전적 의미에서 '사람과 사물의 이동을 기반으로 한 서비스와 산업'을 포괄하는 개념으로 확대된 건 2000년대 후반부터다. 스마트폰 대중화, 디지털 기술 발전, 공유경제 부상 등 사회·경제·기술적 요인들이 이 개념을 확장시켰다. 그리고 기존 자동차, 운송, 교통 분야에 플랫폼, 에너지, AI, 로봇 등 다양한 분야가 모여 오늘날의 모빌리티 산업이 탄생했다.

모빌리티 산업은 최근 몇 년 사이에 빠르게 변화했다. 빠르다는 표현만으론 부족할 정도다. 산업 간 경계가 무너질 만큼 격렬하고, 기술·정책·

시장 트렌드가 동시에 변화할 정도로 복합적이다.

　　주요 사업별 2020년과 2025년의 변화를 비교하면 그 속도를 체감할 수 있다. 도로에서 전기차를 보는 건 흔한 일이 됐다. 사람이 아닌 AI가 운전하는 자율주행도 경험할 수 있다. 도심 하늘을 날아 이동하는 UAM 사업도 시범 운행을 준비 중이다. 이동에 대한 모든 것이 플랫폼으로 연결되고 있다. 누구나 쉽고 편리하게 이동 서비스를 이용할 수 있는 세상이 오고 있는 것이다.

사업 영역	2020년	2025년
전기차	전기차 도입 초기 단계 / 테슬라 중심 전기차 시장 형성	전기차 라인업 확대 / 중국 전기차 업체 급성장
모빌리티 서비스	카헤일링, 카셰어링 서비스 중심	구독형 등 서비스 다변화
자율주행	ADAS 기반 파일럿 서비스	로보택시 개발 / 레벨 3 상용화 시도
AI	인식, 제어 등 보조적 역할 수행	AI 주도 기술 혁신
UAM	개념 도입 및 연구 단계	UAM 실증 사업 준비 및 인증 추진
트렌드	모빌리티, 전동화, 자율주행, 커넥티비티	SDV, AI, 로보틱스 등

　　사업 구조가 재편되는 모빌리티 산업의 변화는 그 결과도 강력하다. 시장에서 확고한 위치에 있던 기업이 퇴출당하고, 신생 기업이 산업 자체를 새롭게 정의하고 장악하기도 한다. 모빌리티 산업에서 생존을 넘어 지

속 성장하기 위해, 그리고 전례 없는 사업 기회를 잡기 위해서는 다가오는 변화에 선제적으로 대응해야 한다. 물론 쉬운 일은 아니다. 어떤 변화에 주목해야 하는지 알아야 하고, 그에 따른 대응 전략도 수립해야 한다.

산업 트렌드를 바꾸는 변화는 두 가지로 나눌 수 있다. 예측할 수 없을 정도로 빠르게 오는 변화와 천천히 진행되는 변화다. 그중 전자는 속도가 빠른 만큼 즉각적이며 엄청난 충격을 준다.

◆ 전 세계적으로 가혹한 시련을 선사한 코로나19 팬데믹
◆ 원자재와 식량 가격 급등을 초래하며 세계 경제 성장을 둔화시킨 러시아-우크라이나 전쟁
◆ 기업들의 비용 부담을 높이고 공급망 혼란과 경영 불확실성을 증가시킨 미국 트럼프 정부의 관세 정책

위의 갑작스럽고 빠른 변화에 직면한 기업들은 즉각적으로 대응했다. 대내외 시장 변화에 대한 영향력을 분석하고 전략 방향을 수립했으며, 경영진의 의사결정과 추진력은 신속하고 강력했다. 실제로 예측 불가능한 심각한 위기 상황에서 기업들은 신속히 대응 전략을 수립해 위기를 극복하고 성장해왔다.

흥미로운 건 즉각적인 변화에는 빠르게 대응하지만, 천천히 오는 변화에는 그렇지 않다는 점이다. 문제는 여기에 있다. 우리는 천천히 다가오는

변화에 대해서는 둔감한 편이다. 그러나 천천히 다가오는 변화는 확실하게 기존 산업 체계를 붕괴시킨다.

천천히 오는 변화보다 당장 눈앞에 닥친 상황들에 집중하기 마련이다. 그러는 사이 감당할 수 없을 정도로 커진 변화로 인해, 대응하기에는 너무 늦은 상황을 맞이하게 된다. 아래의 사례는 어떤가?

◆ 디지털카메라 전환에 실패한 코닥

◆ 피처폰을 고집해 스마트폰 개발에 뒤처진 노키아

◆ 넷플릭스가 제안한 스트리밍 서비스를 무시한 블록버스터

위 기업들은 한때 각 분야에서 독보적인 위치에 있었지만, 변화의 속도를 무시하여 결국 몰락했다. 물론 이들도 시장이 어떻게 변하고 있는지 알고 있었다. 다만 그 변화를 과소평가했고, 대응하려고 했을 때는 이미 늦은 시점이었다.

누구나 아는 사례라 생각하는가? 맞다. 하지만 왜 이들이 무너진 이후에 이런 분석들이 나왔을까? 결과를 정리하고 말하는 건 누구나 할 수 있다. 중요한 건 결과를 바꿀 수 있는 전략이다.

◆ 애플이 아이폰 1세대를 출시한 시점은 2007년이다. 4년 후인 2011년까지 노키아는 글로벌 판매 대수 세계 1위를 유지하고 있었다. 노키아 경영진과 산업 전문가들은 언제부터 노키아의 위기를 인식했을까?

◆ 코닥 사례를 본 디지털카메라 업체들은 스마트폰 카메라의 성장을 보며 어떤 대응을
 했을까?

지금 우리가 주목해야 하는 모빌리티 산업의 변화는 무엇인가?

지금까지 우리는 모빌리티 산업을 강타한 메가트렌드에 집중해왔다.

◆ 일론 머스크가 주도한 테슬라 혁명, 전기차와 자율주행 기술
◆ 우버에서 시작된 모빌리티 혁신, 모빌리티 서비스 플랫폼 확산
◆ 소프트웨어 기반 자동차, SDV 경쟁력

그러나 지금, 이보다 더 큰 변화가 오고 있다. 모빌리티 산업 체계를 재
편할 정도로 강력하고 글로벌 자동차 기업들에 창사 이래 가장 큰 시련을
줄 변화다.

바로 중국의 성장이다.

중국은 강력한 내수 시장, 정부의 적극적인 정책 지원, 공격적인 기술
투자와 혁신을 바탕으로 모빌리티 강국으로 도약했다. 중국이 모빌리티 강
국이라니, 의아할 사람도 있을 것이다. 불편한 진실일 수도 있다. 하지만 현
재 중국은 전기차, 배터리, 모빌리티 서비스 등 산업의 핵심 영역에서 차별
화된 경쟁력을 선보이고 있다. 미국, 유럽, 일본, 한국보다 자동차 약소국이
었던 중국은 세계 1위 전기차 업체를 보유한 국가로 거듭났다. 중국 자동차

시장은 중국 기업으로 물들고 있으며, 점차 전 세계로 무대를 확장하고 있다. 유망 사업으로 평가받던 전기차 배터리 사업은 중국 업체들의 독주 체제가 유지되고 있다. UAM, AI, 로봇 등 미래 핵심 사업에서도 중국은 앞서가고 있다.

이 책은 전기차, 자율주행, 로보틱스 등 모빌리티 산업의 핵심 분야에서 중국이 주도하는 변화를 분석하고 그에 따른 대응 전략을 제시했다. 중국에 대한 찬양문이 아니다. 오히려 그 반대다. 모빌리티 산업에서 중국이 더 큰 주도권을 갖기 전에 대비해야 한다는 경고문이자 호소문이다. 이미 시장은 변하고 있다. 그 흐름을 따라가지 못하면 되돌릴 수 없는 현실에 직면하게 될 것이다. 더 늦기 전에 준비해야 한다.

미래는 예측하는 게 아니라 준비하는 것이다. 이 책이 모빌리티 산업의 변화 흐름을 읽고 준비하기 위한 작은 이정표가 되길 바란다.

이정원

목차

PART 1

중국 자동차가 온다

CHINA
IMPACT

1

자동차 강국으로 거듭난 중국

그동안 자동차 산업은 미국, 유럽, 일본, 한국이 주도해왔다. 유럽에서 시작된 자동차 산업은 미국의 대량 생산 체계를 통해 대중화되며 급성장했다. 이후 토요타와 현대자동차 등 차별화된 경쟁력을 갖춘 아시아 기업들이 부상하면서 시장 구도가 재편됐다. 지금도 기술력과 브랜드, 고객 서비스 영역에서 치열한 경쟁이 이어지고 있다.

이런 상황에 중국이 자동차 강대국이라니, 의아하게 생각하는 사람도 많을 것이다. 그러나 중국이 왜 자동차 강대국인지는 몇 가지 사실만 봐도 알 수 있다.

⚠️ 세계 최대 규모의 자동차 시장

포커스투무브(Focus2Move)에서 집계한 2024년 중국 자동차 판매량(승용차/소형 트럭 기준)은 2,605만 대다. 전년 대비 3.4% 증가, 글로벌 점유율

30.6%에 이른다. 중국은 16년 연속 세계 1위 자동차 판매국 자리를 유지하고 있다. 이에 반해 자동차 강대국이라 여겨지는 미국과 유럽은 2,000만 대도 돌파하지 못했다. 미국의 자동차 판매량은 1,594만 대, 유럽은 1,296만 대였다.

2024년 세계 자동차 판매 순위(승용/소형트럭 기준)

순위	국가	판매량(만대)	점유율	증감률	전년 순위
1	중국	2,605	30.6%	3.4%	1
2	미국	1,594	18.7%	3.6%	2
3	인도	427	5.0%	3.9%	3
4	일본	425	5.0%	-7.1%	4
5	독일	281	3.3%	-0.9%	5
6	브라질	248	2.9%	13.9%	7
7	영국	230	2.7%	3.1%	6
8	캐나다	183	2.1%	7.6%	10
9	프랑스	172	2.0%	-3.2%	8
10	한국	163	1.9%	-5.5%	9

|출처: Focus2move|

상용차 판매량까지 포함하면 중국 자동차 판매량은 3,000만 대를 넘어선다. 중국자동차공업협회의 집계에 따르면, 2024년 중국의 자동차 판매량은 3,144만 대다. 2023년 처음으로 3,000만 대 판매를 돌파한 이후 2년 연속 대기록을 달성했다.

중국은 땅도 크고 인구도 많으니 당연하다고 생각할 수 있다. 하지만 이는 어떤가?

⚠️

세계 최대의 자동차 수출국

2023년, 중국은 일본과 독일을 제치고 세계 최대 자동차 수출국에 등극했다. 이후에도 지속해서 높은 성장률을 유지하고 있다. 2024년 중국은 641만 대의 자동차를 수출했다. 2023년 대비 23% 증가한 수치로, 2년 연속 세계 최대 자동차 수출국 자리를 유지했다. 중국 승용차연합회 자료에 따르면, 중국 자동차가 가장 많이 수출되는 국가는 러시아, 멕시코, 아랍에미리트(UAE)다.

2025년 한국자동차연구원이 발표한 〈최근 자동차 시장 현황 및 주요 이슈〉에 따르면 2025년 1분기 세계 59개국 자동차 판매량은 2,217만 4,000대로 전년 대비 4.6%가 증가했다. 국가별 판매량을 보면 중국이 746만 7,000대로 1위를 차지했다. 전년보다 11.1%, 75만 대가 증가한 숫자다. 사실상 중국이 세계 자동차 시장의 성장을 주도한 것이다.

그간 자동차 산업에서 중국은 주인공이 아니었다. 커다란 중국 시장은 해외 자동차 기업들의 독무대였고, 중국 자동차 기업들은 자국 시장에서조차 입지를 다지지 못했었다. 중국 자동차의 해외 시장 진출은 꿈도 꾸지 못할 일이었다. 이런 중국이 언제부터 자동차 강대국이 된 걸까?

중국은 오랜 기간 자동차 산업을 자국 산업 정책의 핵심 분야로 육성해왔다. 1980년대 경제 개발을 단행한 이후, 국가 발전 계획을 통해 육성한 최초의 산업이 바로 자동차다. 지금까지도 자동차 산업은 정부의 적극적인 지원과 보호를 받고 있다. 궁극적인 목표는 글로벌 자동차 시장에서 경쟁력을 갖춘 자국 업체를 만드는 것이었다. 물론 그 길은 쉽지 않았다.

중국 자동차 산업의 초기 모델은 '국유화'였다. 중국 정부는 1953년에 제1 자동차공장을, 1969년에 제2 자동차공장을 설립했다. 제1 자동차공장은 현재 FAW(중국제일자동차그룹)이고, 제2 자동차공장은 동풍자동차다. 이어 GAC(광저우자동차그룹), SAIC(상하이자동차공업집단), BAIC(베이징자동차그룹) 등이 지방 민영 기업 간 합병과 국유화를 통해 만들어졌다.

경제 개방 이후에는 해외 자동차 기업과의 합작사 형태로 사업 모델이 전환됐다. 해외 기업들의 지분율은 50%를 넘지 못했고, 중국 정부의 조건도 까다로웠다. 기술 이전, 인력 육성, 공급망(Supply Chain)에서 중국 비중을 높여야 했다. 이렇게 탄생한 합작 기업들이 상하이폭스바겐, FAW 토요타, 베이징현대다. 글로벌 자동차 기업과의 협업은 중국 업체들의 사업 역량 강화에 큰 도움이 됐다.

하지만 경쟁력 있는 중국 자동차 업체를 만드는 것은 여전히 어려운 과제였다. 2004년, SAIC 자동차 중 중국에서 설계된 차량은 겨우 2%에 불과했으며, 98%는 GM과 폭스바겐 모델이었다. 그 끝이 보이지 않을 것 같았던 중국의 도전은 자동차 산업에 새로운 패러다임이 도래하면서 급변하기 시작했다. 바로 전기차다.

2

세계 최초로 전기차 시대를 연 중국

2012년 테슬라가 출시한 모델 S는 자동차 산업에 큰 충격을 선사했다. 기존 자동차와는 확연히 다른 유려한 디자인과 실내 인테리어, 다양한 커넥티드 서비스는 사람들을 매료시켰다. 전기차의 한계로 여겨졌던 주행거리와 충전 인프라에 대한 해답도 제시했다. 당시 경쟁사의 전기차 주행거리가 200km 수준이었던 것에 반해 모델 S의 주행거리는 478km에 달했다. 테슬라는 자체 충전 네트워크인 슈퍼차저도 공격적으로 구축했다.

2017년, 테슬라는 3.5만 달러 전기차인 모델 3를 출시하면서 전기차 대중화의 시작을 알렸다. 폭스바겐그룹, 현대자동차그룹, GM 등 기존 자동차 기업들도 전기차를 적극적으로 개발하기 시작했다. 본격적으로 글로벌 전기차 시장이 성장하기 시작한 시점이다.

중국은 자국 자동차 산업의 미래 방향성을 전기차로 결정했다. 진입장벽이 높은 내연기관 자동차 시장에서 중국 업체는 고전할 수밖에 없었다. 독자적인 자동차 기술력을 보유한 글로벌 기업들이 선점한 시장에서 신규 자동차 업체가 무엇을 할 수 있겠는가? 중국은 과감히 내연기관 차량을 버리고 전기차에 집중하는 전략을 택했다.

전기차 시장은 달랐다. 기존 자동차 기업들도 전기차 개발에 대해서는 기술적 우위가 없었다. 테슬라를 제외한 모든 기업의 출발선은 동일했다. 이에 중국은 전기차 중심으로 빠르게 자동차 산업을 재편하기 시작했다.

2012년 6월, 중국 정부는 '에너지 절감 및 신에너지 자동차 산업 발전 계획'을 통해 전기차 산업 육성과 지원 방안을 발표했다. 2020년까지 전기차와 플러그인 하이브리드 자동차(PHEV, Plug-in Hybrid Electric Vehicle) 등 신에너지 자동차 생산 및 보급을 500만 대까지 달성한다는 목표였다.

이를 위해 중국은 친환경 자동차 핵심 기술 개발 촉진, 충전 인프라 확대, 친환경 자동차 지원 정책 등을 시행했다. 신에너지 자동차 산업 육성을 통해 친환경 중심으로 자동차 산업을 재편하고, 핵심 기술인 배터리, 충전 기술에서 세계적인 경쟁력을 확보하려는 국가 차원의 전략이었다.

결실은 나타났다. 25%. 2024년 중국 신차 판매에서 순수전기차(BEV, Battery Electric Vehicle)가 차지하는 비중이다. 미국의 순수전기차 비중이 8%, 유럽이 15%에 불과한 것과 비교하면 얼마나 높은 수준인지 알 수 있다. 플러그인 하이브리드 자동차까지 포함하면 중국 신차 판매 내 전기차 비중은 50%에 달한다. 물론 노르웨이 등 일부 북유럽 국가들도 50%가 넘는 전기차 보급률을 보이고 있다. 하지만 중국은 단순 보급률을 넘어 산업 전체를 장악하며 성공한 사례라 할 수 있다.

전기차 중심으로 자동차 산업을 재편하는 건 쉽지 않은 일이다.

먼저 내연기관 차량과 유사한 가격대의 전기차를 개발해야 한다. 사람들이 전기차 가격에 부담을 느끼면 시장은 성장할 수 없다. 이를 해결하기 위해 중국 정부는 전기차 시장 초기부터 엄청난 규모의 보조금과 정책 지원을 아끼지 않았다.

전기차 보조금은 자국 업체들이 저가 전기차를 만들 수 있는 시간을 만들어줬다. 중국 정부가 보조금을 지급하는 동안 중국 업체는 저가 전기차를 만들 수 있는 기술력과 생산 인프라를 확보했다. 이후 보조금은 축소됐지만, 중국 업체는 이미 내연기관 차량 가격 수준의 전기차를 생산하고 있었다. 굉장히 중요한 대목이다. 전기차 보조금은 초기 전기차 시장 형성을 위한 필수적인 수단이다. 하지만 전기차 비중이 40% 이상이 되면 어떻게 될까? 정부가 감당할 수 없는 수준의 재정적 부담이 따를 것이다. 즉, 전기차 보조금은 전기차 시장이 성장할수록 축소될 수밖에 없다. 본격적인 전기차 시대로 가기 위해서는 보조금에 의존해서는 안 된다. 전기차 가격 자체를 낮춰야 한다. 실제로 미국 등 일부 국가에서 전기차 보조금을 축소하자 전기차 수요가 급격히 감소했다. 전기차 캐즘이 시작된 시점이었지만, 중국은 전혀 다른 결과를 만들어냈다.

다음은 전기차 충전 인프라 확보다. 전기차가 많이 팔려도 충전소가 부족하면 전기차 시장은 한계에 도달할 수밖에 없다. 이에 중국 정부는 충전 인프라의 광범위한 확산, 기술 혁신, 내재화를 위해 적극적인 지원 정책을 펼치고 있다.

2025년 중국 국가발전개혁위원회는 전기차 고속 충전소 보급 계획과 관련 지침을 새롭게 발표했다. 목적은 전기차 충전 관련 고객 불만 개선이다. 전기차 대수는 계속 증가하고 있지만, 충전 인프라는 완속 충전기 중심이었다. 초고속 충전기는 아직 초기 단계에 불과했다. 이에 정부는 2027년까지 전국에 10만기 이상의 전기차 고속 충전기를 보급하고, 수요가 높은 고속도로 휴게소부터 인프라를 구축하기로 했다. 또한, 전기차 업체들이 자체적으로 구축한 고속 충전소를 외부에 개방하는 원칙을 세웠다.

중국 지산 신에너지 휴게소

|출처: 신화통신|

필자는 전작 《다가오는 미래, 전기차 시나리오》에서 전기차 충전 인프

라 구축 수준은 전체 거점 수가 아닌, 고속·초고속 충전기 기준으로 평가해야 한다고 언급한 바 있다. 완속 충전기 위주의 충전소를 확대하는 건 의미가 없다. 전기차 충전은 결국 현재의 내연기관 차량처럼 주유소에서 기름을 넣는 경험과 유사해야 한다. 본격적인 전기차 시대로 가기 위한 필수 요건이다.

중국이 이룬 성과는 자국 시장에 국한되지 않았다. 2024년 글로벌 전기차 판매 대수 10위권에 중국 업체 6개가 이름을 올렸다. 심지어 1위와 3위도 중국 업체이며, 20위권까지 보면 중국 업체의 비중은 더 커진다. 이제 중국은 전 세계에서 전기차를 가장 많이 판매하는 나라가 되었다. 2025년의 흐름도 유사했다. BYD는 2025년 1~8월 기준 글로벌 판매량 256만 대를 판매하여 1위를 유지했다. 지리(Geely)도 132만 대를 판매하며 테슬라를 누르고 2위를 차지했다.

2024년 전기차 판매 순위(BEV+PHEV)

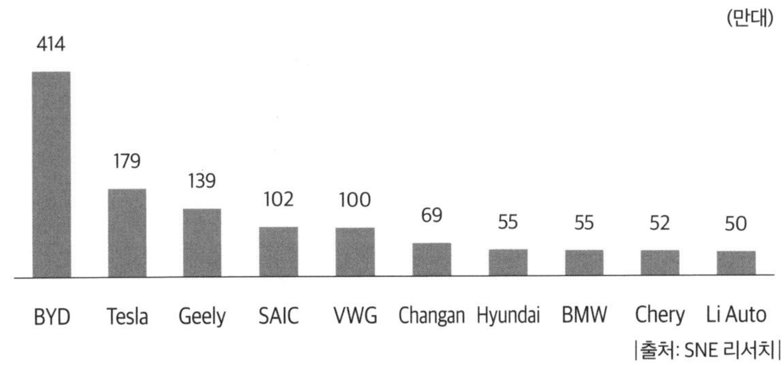

|출처: SNE 리서치|

우리가 주목해야 하는 업체는 BYD다. 순수전기차와 하이브리드 자동차를 포함한 숫자이지만, 413만 대라는 판매 실적은 독보적이다. 블룸버그(Bloomberg)의 조사에 따르면, BYD는 2024년에 1,070억 달러의 매출을 기록했다. 2023년 대비 29%가 증가한 수치로, 2024년 테슬라 매출 980억 달러보다 높은 실적이다.

영업이익도 BYD가 테슬라를 압도한다. 미국 전기차 매체 클린테크니카(CleanTechnica)에 따르면, 2025년 1분기 BYD의 매출총이익은 4억 7,859만 달러, 테슬라는 3억 1,530만 달러였다. 전기차 시대를 연, 전기차의 상징이라고 할 수 있는 테슬라를 BYD가 넘어선 것이다.

이러한 경이로운 성과에 비해 BYD의 자동차 사업 역사는 그리 길지 않다. BYD는 1995년 휴대폰 배터리 사업으로 출발해 전기차 배터리, 태양광 패널, ESS(에너지 저장 장치) 등으로 사업 영역을 확장한 기업이다.

자동차 제조업에는 2002년에 뛰어들었다. 2011년 첫 순수전기차 'BEV e6'를 출시한 뒤, 왕조 시리즈(Qin, Han, Song)를 통해 세단, SUV, MPV 등의 전기차 라인업을 지속적으로 확대했다. 2022년에 글로벌 전기차 판매 대수 1위를 차지했고, 2024년에는 폭스바겐을 제치고 중국 판매 1위 업체로 등극했다. 자동차 사업을 시작한 지 25년도 되지 않은 기업이 이런 엄청난 성과를 만들어냈다.

ATTO3	SEAL

사업 초기 BYD는 중국 정부의 중점 지원 대상으로 선정되어 보조금과 금융 지원 등 각종 혜택을 받았다. 이를 통해 BYD는 전기차 사업 기반을 구축할 수 있었다. 그러나 이런 정부 지원은 중국 대다수의 전기차 업체가 받은 혜택이다. 수많은 기업 중 BYD는 어떻게 세계 1위 기업이 된 걸까?

BYD의 성공 요인은 전기차 기술 개발, 부품 수직 계열화, 가격 경쟁력 확보라는 선순환 체계 구축에 있다.

먼저 BYD는 전기차 기술 개발에 공격적으로 투자했다. 2024년 BYD의 R&D 투자 비용은 중국 업계 최고 수준인 543억 위안(약 10조 9,600억 원)이다. 전년 대비 36% 증가한 숫자로, 지속적인 투자를 통해 BYD는 전기차 핵심 기술에 대한 경쟁력을 확보했다. 이렇게 확보한 기술력으로 BYD는 세계 최초로 전기차 부품 수직 계열화를 완성했다. 전기차의 핵심인 배터리, 모터, 제어 시스템을 자체 생산하는 유일한 자동차 기업이다. 특히 배터리 기술 개발에 집중한 결과, 높은 에너지 밀도와 안정성을 갖춘 제품 개발에 성공했다. 현재 BYD는 CATL에 이어 글로벌 전기차 배터리 시장에서 2위를 차지하고 있다. 이러한 부품 수직 계열화는 원가 절감으로 이어졌고, 공격적인 가격 정책을 펼칠 수 있는 원동력이 됐다. 차량 디자인 역량 강화, 고객 맞춤형 마케팅 활동, 하이브리드 자동차와 전기차 중심 라인업 확대도 BYD의 성공 요인이다. 저렴하고 품질도 뛰어난 전기차를 누가 마다하겠는가?

"전기차 배터리 내재화에 성공한 유일한 기업", "전기차 배터리 시장 점유율 17%인 글로벌 2위 기업", "전기차 판매 세계 1위 기업". BYD 앞에 붙는 수식어다. BYD는 배터리 기업으로 시작해 글로벌 전기차 시장을 주도하는 자동차 기업으로 성장했다. 이는 자동차 산업에 신규 진출한 기업의 파괴적 혁신(전동화)을 보여준 중요한 사례다. 특히 세계 최초로 구축한 전기차 부품 수직 계열화는 본격적인 전기차 시대에 자동차 기업들이 나아가야 할 방향을 제시했다.

BYD 외에도 지리, 체리(Chery), 리오토(Li-Auto), 샤오미(Xiaomi) 등 전기차 기반으로 고속 성장하고 있는 중국 기업들이 줄지어 있다. 이들이 앞으로 제2, 제3의 BYD가 될 수도 있다. 글로벌 자동차 시장에서 중국 전기차의 기세는 더욱 거세질 것이다.

물론, 중국 전기차 과공급에 따른 부작용도 존재한다. 2025년 지웨(JIYUE), 웨이마(Weltmeister), 가오허(HiPhi), 헝다(Evergrande Auto) 등 많은 전기차 업체가 폐업했거나 시장에서 퇴출당했다. 중국에는 100개 이상의 전기차 업체가 존재한다. 너무 많지 않은가? 이들 중 대부분은 수익성을 확보하지 못하고 있다. 이런 경쟁력 없는 전기차 업체들은 사라질 것이다.

BYD의 최근 성장세도 주춤하고 있다. 특히 부채 문제의 심각성이 거론되고 있으며, 과도한 외형 성장과 채무 의존 경영으로 파산할 수도 있다는 기사도 나왔다. 이를 중국 전기차의 위기로 볼 수 있을까? 위기가 아닌 기회다. 전기차 경쟁이 가장 치열한 중국에서 살아남은 기업들은 더욱 강해질 것이다. 이들이 본격적으로 글로벌 시장에 진출하면 자동차 산업은 새로운 국면으로 접어들 것이다. 필자가 중국을 지나치게 긍정적으로 본다고 할 수도 있다. 하지만 대부분이 사실에 근거한 분석이다. 불편한 진실로 받아들이고 우리가 무엇을 해야 할지 검토해야 한다.

현재 중국은 글로벌 자동차 시장에 엄청난 변화를 만들고 있다. 더는 좌시해서는 안 된다. 이는 자동차 기업들의 위기를 넘어 자동차가 기간 산업인 국가들의 위기이기도 하다. 자동차 시장에서 중국의 영향력이 더 커지기 전에 대응 방안을 마련해야 한다. 중국은 글로벌 자동차 기업들에 두 가지 난제를 던졌다.

◆ 세계 최대 규모의 자동차 시장인 중국에서 어떻게 생존할 것인가?

◆ 중국 업체들의 해외 시장 진출을 어떻게 방어할 것인가?

이를 해결하지 못하면 미래 전망은 더욱 어두워질 것이다.

PART 2

중국 자동차 시장에서의 생존 경쟁

CHINA IMPACT

1

글로벌 자동차 기업의 무덤이 된 중국 시장

2024년 12월, 폭스바겐그룹이 창사 이래 최대 위기에 직면하고 있다는 기사가 나왔다. 독일 공장 3곳을 폐쇄하고, 임금 10% 삭감과 인력 감축을 추진한다는 내용이었다. 세계 2위, 굴지의 자동차 기업이 어떻게 이런 위기를 겪게 된 것일까?

그 원인은 중국 시장에서의 부진에 있다. 폭스바겐그룹만의 문제는 아니다. 세계에서 가장 매력적이었던 중국 시장은 현재 글로벌 자동차 기업들의 무덤으로 변하고 있다.

자동차 시장에는 흥미로운 법칙이 있다. 각 자동차 시장을 주도하는 건 현지 브랜드라는 것이다. 미국은 미국 기업(GM, 포드, 테슬라 등), 유럽은 유럽 기업(폭스바겐그룹, 르노, BMW, 메르세데스-벤츠 등), 일본은 일본 기업(토요타, 혼다, 닛산 등), 한국은 한국 기업(현대자동차그룹)이 시장을 주도하고 있다. 다음 사례를 보면 이해가 쉬울 것이다.

◆ 폭스바겐그룹은 유럽 부동의 1위이자 세계 2위 기업이다. 하지만 미국에서의 영향력은 크지 않다. 2024년 시장점유율은 4%, 9위 수준이다.

◆ 미국 자동차 판매 1위는 미국 기업인 GM이다. 하지만 유럽에서는 실적 부진이 이어졌고, 2017년 GM은 유럽 시장에서 철수했다.

그러나 중국은 달랐다. 중국 자동차 시장에서 중국 기업들의 영향력은 미미했다. 세계에서 가장 큰 시장인데도 불구하고 강력한 현지 업체가 없다는 것. 얼마나 매력적인 시장인가? 그 어떤 자동차 기업이 중국을 놓치고 싶겠는가?

2009년 중국은 약 1,360만 대의 자동차 판매량을 기록하면서 미국을 넘어 세계 최대 자동차 시장으로 부상했다. 2010년에는 1,800만 대의 판매량을 달성하며 미국, 일본과의 격차를 더 벌렸다. 중국 자동차 시장의 본격적인 호황기라고 할 수 있다. 이 시점부터 2020년까지 중국 자동차 시장은 해외 자동차 기업들이 지배했다.

2020년 중국 승용차 시장에서 해외 브랜드의 시장점유율은 64%였다. 국가별로 보면 독일 25%, 일본 24%, 미국 9%, 한국이 4%다. 2020년 중국 승용차 판매량은 약 2,000만 대로 10%만 해도 200만 대 수준이다. 2020년 대한민국 승용차 판매량이 187만 대이니, 중국이 얼마나 큰 시장인지 알 수 있다. 글로벌 자동차 기업들의 중국 판매 비중도 높을 수밖에 없었다. 2022년 주요 자동차 기업들의 중국 판매 비중을 보면 다음과 같다.

주요 자동차 제조사의 중국 판매 비중

VWG	GM	Mercedes Benz	BMW	Toyota
38%	38%	37%	33%	18%

|출처: 기업별 발표 자료|

폭스바겐그룹, 메르세데스-벤츠는 자국 시장인 유럽보다 중국 판매 대수가 더 높았다. BMW와 GM 관점에서도 중국은 유럽과 미국에 버금가는 시장이었다. 지금은 극심한 판매 부진을 겪고 있는 현대자동차도 2010년대 중반까지 중국에 연 100만 대 이상을 판매했을 정도로 중국은 현대차의 최대 판매국이었다. 많은 글로벌 자동차 기업이 중국 시장 진출을 통해 막대한 판매량과 수익을 확보했다. 당시 중국 시장은 글로벌 자동차 기업들의 매출에서 압도적인 비중을 차지했고, 이들에게 중국은 회사의 지속 성장을 위한 가장 중요한 시장이었다. '황금의 땅' 그 자체였다.

하지만 변화는 천천히 시작되고 있었다. 2020년부터 중국 자동차 기업들의 시장점유율은 꾸준히 성장했다. 승용차 기준 2020년 35.7%에 불과했던 시장점유율은 2024년에 65.2%까지 올라왔다. 4년 만에 점유율이 30% 가까이 상승한 것이다. 시장 전문가와 조사기관은 2030년에 중국 업체의 시장점유율이 70% 수준에 달할 것으로 전망했다. 지금과 같은 추세라면 충분히 가능한 일이다.

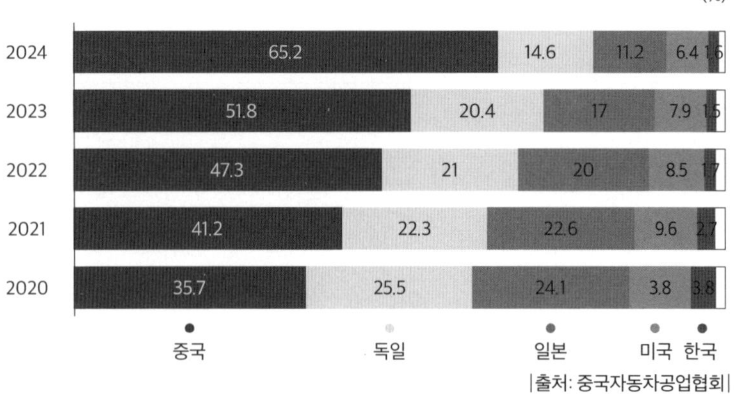

무엇이 이런 변화를 만든 것일까?

바로 중국의 전동화 전략이다. 과감하게 내연기관 차량을 버리고 전기차에 집중한 결정이 이런 결과를 만들었다. 전기차 정책, 보조금 지원 등 중국 정부는 자국 전기차 업체에 유리한 환경을 만들어줬다. 중국 전기차 업체들도 전기차 기술 개발과 시장 변화에 적극적으로 대응했고, 단기간에 급성장했다.

전기차 중심으로 성장한 중국 업체들은 2020년부터 시장 주도권을 확보하기 시작했다. 전동화에 대한 중국 정부와 기업들의 의지와 노력이 만든 결과다. 이 흐름은 한동안 지속될 것이다.

이러한 중국 자동차 업체의 성장은 중국 판매 비중이 높은 자동차 기업에 커다란 악재가 됐다. 중국 판매 대수는 감소했고, 실적 부진은 지속되었다.

주요 자동차 제조사의 중국 판매 대수(만대)

자동차 제조사	2022	2023	증감률	2024	증감률
VWG	316	306	-3%	290	-5%
GM	230	210	-9%	180	-14%
Toyota	194	190	-2%	177	-7%
BMW	79	82	4%	71	-13%
Mercedes Benz	75	73	-3%	68	-7%

|출처: 기업별 발표 자료|

1990년대 중국 시장점유율이 무려 50%에 달했던 폭스바겐그룹의 중국 시장점유율은 2024년 12%까지 감소했다. 오랜 기간 지켜왔던 중국 판매 1위 자리도 BYD에 넘겨주게 됐다.

판매 부진은 수익성 악화로 이어졌다. 중국 시장 영업이익은 2015년 52억 유로에서 2024년 17억 유로까지 감소했다. 중국 시장에서 전체 판매량의 40%, 영업이익의 25%를 차지하던 찬란한 시절은 끝났다. 이제 중국 시장은 폭스바겐그룹의 아픈 손가락이 됐다.

GM의 상황도 비슷하다. 2017년 400만 대를 판매하며 중국에서 막대한 수익을 올렸던 GM은 2024년 판매량이 180만 대까지 떨어졌다. 이로 인해 중국에서 44억 달러의 손실을 기록하며 재정적으로 심각한 타격을 입었다. 현대자동차그룹의 상황은 더 심각하다. 2016년 114만 대에 달하던 중국 판매 대수는 지속 하락해 2024년 37만 대까지 떨어졌다. 시장점유율은 1% 대에 불과하다.

중국을 포기하고 다른 나라에 집중하는 전략을 선택할 수도 있다. 하지만 누가 그런 결정을 할 수 있겠는가? 세계 최대 시장인 중국을 포기하는 건 글로벌 경쟁을 포기한다는 뜻이다. 현재 중국은 세계에서 가장 치열한 자동차 격전지이다. 글로벌 자동차 기업들의 찬란했던 과거는 끝났다. 이제는 생존 경쟁에서 살아남아야 한다.

중국 시장에 대한 인식부터 바꿔야 한다. 중국에 대한 철저한 분석을 통해, 차별화된 경쟁력을 확보하기 위한 전략을 수립해야 한다. 변하지 않으면 미래는 없다.

2

중국 자동차를 사는 이유는 무엇인가?

'중국은 애국 소비(궈차오) 경향이 강한 나라인데, 중국 사람이 자국 자동차를 구매하는 걸 어떻게 막겠는가?'라고 생각할 수 있다. 게다가 중국의 정부 정책과 사회적 분위기 속에서 애국 소비 경향은 더 강해지고 있다.

하지만 단순한 애국심만으로 자동차를 선택하는 사람이 있을까? 과거 중국 자동차 시장은 해외 기업들이 지배하고 있었다. 정확히 말하면 상하이폭스바겐, 상하이GM, 베이징현대와 같은 중국 기업과 해외 기업 합작사들의 무대였다. 물론 상하이자동차, FAW, 둥펑자동차 등 중국 자동차 업체들도 자사 차량을 판매하고 있었다. 그러나 중국 사람들은 자국 자동차를 구매하지 않았다. 이유는 명확하다. 당시 중국 자동차는 상품성, 품질, 디자인 등 모든 측면에서 해외 브랜드보다 부족했다. 집 다음으로 고가 자산인 자동차를 구매할 때 사람들은 많은 것을 고려한다. 애국심만으로 자동차를 구매하는 사람은 없다.

2024년 중국 시장 판매 순위를 보면 그 변화를 체감할 수 있다. 2018년에만 해도 상위권을 유지한 중국 자동차 업체는 지리 하나뿐이었다. 그러다 2024년에 BYD가 1위에 올랐고, 지리, 창안(Changan) 등 중국 업체들이 상위권을 유지하고 있다.

왜 지금의 중국 사람들은 중국 자동차를 구매할까? 이유는 간단하다. 해외 브랜드와 견줄 수 있을 정도로 중국 자동차 업체들이 성장했기 때문이다. 성능, 디자인, 품질, 가격 경쟁력 등이 개선되면서 중국 브랜드에 대한 신뢰가 높아졌다. 애국심과 경제적 실리까지 충족할 수 있으니, 중국 자동차를 사지 않을 이유가 없다.

2024년 중국 시장 자동차 판매 순위

순위	기업	판매대수	증감률	시장점유율
1	BYD	3,718,281	37.4%	16.2%
2	Geely	1,773,251	28.0%	7.7%
3	FAW Volkswagen	1,608,578	-12.9%	7.0%
4	Changan	1,365,745	-0.6%	6.0%
5	Chery	1,355,205	64.6%	5.8%
6	SAIC Volkswagen	1,200,000	-2.6%	5.2%
7	SAIC-GM-Wuling	824,681	14.0%	3.6%
8	FAW Toyota	798,087	-0.5%	3.5%
9	GAC Toyota	770,147	-14.5%	3.4%
10	Tesla	657,102	8.9%	2.9%

|출처: 중국 승용차연합회|

글로벌 자동차 기업들이 지배했던 중국은 이제 없다. 전기차 전환 성공, 중국 업체의 비약적인 성장, 자국 업체에 유리한 정부 정책으로 인해 중국은 전 세계에서 가장 험난한 시장이 됐다. 물론 중국만의 현상은 아니다. 전기차 전환만 제외하면 미국, 유럽, 일본, 한국의 상황도 유사하다.

앞서 언급한 것처럼 자국 시장을 지배하는 건 언제나 현지 업체다. 일본은 토요타, 혼다, 닛산, 스즈키 등 현지 업체들이 시장을 지배하고 있고, 해외 브랜드의 시장점유율은 6~7%에 불과하다. 현대자동차그룹의 국내 시장점유율은 80%에 육박한다. 독과점이나 다름없다. 글로벌 1, 2위 기업인 토요타와 폭스바겐그룹도 한국 내 시장 영향력은 미미하다.

이제 중국 자동차 시장도 자국 업체가 지배하는 양상이 됐다. 다른 자동차 강대국과 유사한 모습이다. 비교할 수 없을 정도로 거대한 세계 최대 규모의 시장이라는 점만 다를 뿐이다.

3

중국 시장 경쟁 전략, 생존을 넘어 미래로

세계 최대 규모의 자동차 시장인 중국은 글로벌 자동차 기업이 절대 놓쳐서는 안 될 핵심 시장이다. 중국 시장에 대한 이해와 차별화된 전략으로 생존을 넘어 성장 기반을 구축해야 한다.

이를 위한 전략 과제는 '트레이드오프(Trade-off)', '중국 기업과의 파트너십 체결', '아시아 EV 생산 허브 구축'이다.

⚠️ 트레이드오프

중국 시장 공략을 위해서는 현지화 전략을 수립해야 한다. 중국 자동차 시장의 핵심 트렌드와 고객 니즈 파악이 출발점이다. 중국 사람들이 선호하는 차량, 브랜드, 판매 채널, 정비 서비스에 대한 분석을 기반으로 전략을 도출해야 한다.

◆ 소형차보다는 중대형차, 세단보다는 SUV 판매 비중이 증가하고 있다.

◆ 중국 브랜드와 프리미엄 브랜드에 대한 선호도가 높다.

◆ 오프라인 판매 비중이 가장 높으나, 딜러·직영·에이전시 등 판매 채널 모델이
다각화되고 있다.

◆ 온라인 판매 비중이 점차 증가하고 있다.

◆ 정비 서비스에서 가장 중요한 요소는 접근성, 가격 투명성, 수리 정확성,
배터리·소프트웨어 관리, 디지털화다.

이런 일반적인 통계에서 차별화된 현지화 전략을 도출하는 건 어렵다.
이에 많은 기업이 이런 잘못된 판단을 한다.

◆ 기존의 성공 방식을 고수한다 → 자사의 글로벌 베스트 모델을 도입한다

◆ 무조건 새로운 것을 시도한다 → 자사 경쟁력 강화에 도움이 안 되는 서비스를
제공한다

명확한 방향성 없이 보여주기식으로 만들어진 결과물이자, 중국에서
몰락한 자동차 기업들이 한 행동이기도 하다. 현대자동차가 중국에서 몰락
한 이유가 비단 한중 사드(THAAD) 갈등과 관련된 정치적 이슈만일까? 아
니다. 중국 시장 변화와 현지 고객의 니즈를 충족하지 못한 이유가 컸다.

차량 라인업만 봐도 알 수 있다. 당시 중국은 SUV에 대한 선호도가 높
아지는 추세였다. 하지만 현대자동차는 기존 주력 모델인 세단(아반떼, 쏘나

타)에 집중했다. 2012년 중국형 모델로 출시된 랑동(아반떼 MD)은 매년 20만 대 이상이 팔린 핵심 차종이었다. 현대차는 2016년 신규 모델 링동(아반떼 AD)을 출시하면서 시장을 공략했다. 기존 주력 모델에 집중한 전략이다. 그러나 이는 2015년부터 SUV 라인업을 공격적으로 확대한 중국 업체들과는 상반된 결정으로, 중국의 시장 변화에 적극적으로 대응하지 못한 아쉬운 부분이다.

잘못된 판단 중 다른 하나는 무조건 새로운 것을 시도하는 것이다. 혁신이 모든 문제의 해결책이라는 생각, 시장 경쟁력을 강화하기 위해 기존에 없는 것을 시도해야 한다는 믿음은 잘못된 결과를 초래한다. 이는 경영진의 지시 사항(사업계획, 개선안 등)을 가장 빠르게 대응할 방편일 뿐이다.

본질을 봐야 한다. 모든 전략은 선택과 집중, 즉 트레이드오프다. '시장에서 경쟁 우위를 확보하기 위해 무엇을 해야 하는가?'에 집중하면 된다. 모든 걸 다 할 수 있는 기업은 없다. 시장과 경쟁사 분석을 통해 자사의 강점과 약점을 명확히 하는 게 시작이다. 이를 통해 타깃 시장(고객·차량 세그먼트)을 정해야 한다. 타깃 시장에서 경쟁력을 확보하는 게 우선이다. 지금과 같은 경쟁 상황에서 중국 시장 전체를 대응할 수는 없다. 포기해야 할 부분은 과감히 버려야 한다.

예를 들어, SUV 라인업으로 시장을 공략할 거라면 세단은 포기해도 된다. 중국에서 프리미엄 브랜드가 아니라면 가격 경쟁력을 갖추는 게 답이다. 디지털 역량이 부족하다면 온라인 판매 채널 확장과 같은 디지털 서비스는 최소화해야 한다. 어설픈 디지털화는 부정적인 고객 경험만 만들 뿐이다.

이렇게 타깃 시장에서 확고한 경쟁 우위를 확보한 후 이를 기반으로 시장을 확대해 나가면 된다. 이 순간에도 '트레이드오프'를 기억해야 한다. 갑자기 프리미엄 브랜드를 론칭하거나 차량 라인업을 확대하면 안 된다. 잘못된 선택으로 어렵게 쌓은 기반까지 잃을 수도 있다.

⚠️ 중국 기업과의 파트너십 강화

중국 시장을 공략하기 위해선 제품 경쟁력이 뛰어난 전기차가 필요하다. 자동차의 본질적인 경쟁력인 디자인, 품질, 성능, 가격 외에도 자율주행, 커넥티드 서비스 등 미래 핵심 기술도 선점해야 한다. 글로벌 자동차 기업들은 보통 내재화를 통해 핵심 기술력을 확보하려고 한다. 파워트레인 개발, 생산 기술 등을 외부에 맡기는 기업은 없다. 필자도 핵심 기술 확보에 대해서는 내재화가 옳은 선택이라 본다.

하지만 중국 시장은 다르다. 국가 차원으로 신기술을 육성하는 중국은 기술 발전과 상용화 시점이 비약적으로 빠르다. 중국 업체들과 경쟁하려면 내재화는 좋은 선택이 아니다. 내재화는 핵심 역량을 확보할 수는 있지만, 속도가 느리다. 빠르게 변하는 중국 자동차 시장에서 현지 업체와의 전략적 협업은 선택이 아닌 필수다.

중국은 전기차 가격 경쟁이 가장 치열한 시장이다. 그러므로 원가 절감과 기술 개발로 가격 경쟁력을 확보해야 한다. 그중 가장 중요한 건 전기차 원가의 30~40%를 차지하는 배터리 가격을 낮추는 것이다.

현실적인 방법은 중국 배터리 제조사와의 전략적 협업을 바탕으로 저렴하고 품질 좋은 배터리를 확보하는 것이다. 중국에는 글로벌 1, 2위 배터리 기업인 CATL과 BYD가 있다. BYD가 전기차 사업도 병행하는 점을 고려하면 CATL이 협업에 유리하겠지만, 공격적인 비딩(bidding)을 통해 최선의 업체를 선택해야 한다.

미래 자동차 산업의 핵심 경쟁력으로 평가받는 소프트웨어 기술력도 중요하다. BYD, 샤오펑(Xpeng), 니오(Nio), 샤오미 등 중국 전기차 업체들의 커넥티비티 및 자율주행 기술은 빠른 속도로 발전하고 있다. 중국 업체들의 소프트웨어 기술은 내연기관으로 시작한 전통적인 자동차 기업들보다 빠른 속도로 진화했다. 이런 중국 시장에서 내재화로 대응하는 건 자멸하는 길이다. 바이두, 알리바바, 텐센트 등 중국 빅테크 기업들과 협업해 소프트웨어 기술력을 확보해야 한다.

기술 내재화는 그 이후에 하면 된다. 중국 고객들이 원하는 수준의 기술력을 확보하는 것이 우선이다. 물론 중국 소프트웨어 업체에 주도권을 뺏길 수 있고, 신기술 내재화 시점이 지연될 수도 있다. 글로벌 자동차 기업들이 느끼는 불안감은 당연하다. 하지만 중국 자동차 업체와의 경쟁에서 승리하기 위해서는 기존과 다른 선택을 해야 한다.

⚠️
아시아 EV 생산 허브로의 활용

자동차 산업은 대표적인 자본 집약적 산업이다. 신규 진입도 어렵고 사업 철수도 쉽지 않다. 자동차 생산을 위한 공장 건설에는 막대한 투자가 들어간다. 대규모 생산설비 투자는 매몰 비용이 되어 사업 철수도 어렵게 만든다. 또한, 자동차는 판매 후에도 지속적인 관리가 필요한 제품이다. 사업을 철수하면 기존 판매·정비 네트워크가 사라지는 것에 대한 고객 케어 방안을 별도로 마련해야 한다.

중국에서 자동차 사업을 하기 위해서는 현지 생산공장 구축이 필수적이다. 현지 생산을 해야 수입차에 부과되는 관세를 피할 수 있다. 관세까지 붙으면 중국 시장에서 가격 경쟁은 불가능해진다. 게다가 인증과 보조금을 받으려면 '중국 내 생산' 조건이 붙는 경우가 대부분이다. 소량 판매 중심의 프리미엄 브랜드를 제외한 대다수 글로벌 자동차 기업들이 현지 공장을 구축하는 이유다. 문제는 판매가 부진할 경우, 현지 공장 운영은 단위당 고정비 증가라는 엄청난 손실이 따른다는 점이다.

이것은 지금 중국 시장에서 글로벌 자동차 기업들이 겪는 딜레마다. 판매가 부진하다고 해서 사업을 철수하기도 어렵다. 세계 최대 시장을 어떻게 포기하겠는가? 버티자니 손실 규모가 계속 커지는 것이다.

대응 방안을 찾아야 한다. 중국 공장 가동을 유지하면서 경쟁력을 확보할 방안을 찾아야 한다. 판매가 부진한 차량이 악성 재고로 증가하는 건 막아야 한다. 어떤 방법이 있을까? 바로 중국을 '아시아 EV 생산 허브'로 활용하는 전략이다.

아시아 EV 생산 허브 전략은 중국에서 생산된 차량을 세계 시장에 판매하는 것이다. 실제로 테슬라, BMW, 현대자동차그룹도 중국 생산 차량을 유럽, 아시아, 중동으로 수출 중이다. 일본, 한국 자동차 기업보다 아시아 생산 거점이 부족한 유럽이나 미국계 기업에 유효한 전략이다. 대중 브랜드(Mass Brand)보다 생산 거점이 적은 프리미엄 브랜드도 마찬가지다.

EV 중심으로 생산하는 중국 공장을 EV 생산 허브로 활용해야 한다. 전통적인 자동차 기업들의 전동화율은 10%대로 아직 저조한 수준이다. 현시점에 공장별로 전기차 생산 라인을 구축하는 건 비효율적이다. 따라서 중국 공장을 전기차 전용 생산공장으로 활용하는 것도 검토해야 한다. 물론 중국 생산 제품에 대한 수출국 간의 규제는 반드시 확인해야 한다.

중국을 아시아 EV 생산 허브로 활용하는 전략에는 두 가지 시사점이 있다. 첫 번째는 중국 사업 부진에 대한 리스크 최소화다. 판매 감소에 따른 손실을 줄이고, 경쟁력 회복을 위한 시간을 버는 것이다. 두 번째는 중국 생산 전기차를 활용한 신규 시장 진출이다. 전기차 중심으로 동남아시아와 중동으로 시장을 확대할 수 있다.

치열한 중국 자동차 시장에서 살아남은 기업은 글로벌 경쟁에서 앞서갈 수 있다. 현대자동차그룹이 중국 시장에서 꾸준히 성장했으면 어땠을까? 2016년 현대자동차그룹은 중국에서 179만 대를 판매, 시장점유율 6%라는 최대 실적을 달성했다. 시장점유율 6%를 지금까지 유지했더라면,

지금쯤 폭스바겐그룹을 제치고 글로벌 판매 2위 기업으로 등극하지 않았을까?

중국은 단순한 시장이 아니다. 글로벌 자동차 산업의 미래를 결정짓는 무대다. 중국에 다시 진출한다는 각오로 준비할 때 새로운 기회가 열릴 것이다. 문제는 중국도 가만히 있지 않는다는 점이다. 중국 자동차 기업들도 자국을 넘어 해외로 시장을 확대하고 있다.

중국발
글로벌 자동차 시장
지각변동

CHINA
IMPACT

1

중국 자동차,
글로벌 Top 10에 진입하다

그간 중국 자동차 업체들이 생산한 차량은 내수용에 불과했다. 중국 업체들의 차량은 세계 최대의 자국 시장에서 해외 시장 진출 없이도 성장할 수 있었다. 그만큼 내수 시장에 대한 의존도가 높았으며 해외 시장에서의 존재감은 미약했다. 여타 '메이드 인 차이나' 제품들처럼.

그러나 상황이 변하고 있다. 현재 많은 중국 자동차 기업이 포화 상태에 이른 자국 시장을 넘어 해외 시장으로 눈 돌리고 있다. 가볍게 볼 수준이 아니다. 자국 시장에서 쌓은 사업 역량과 자산을 기반으로 많은 중국 업체가 세계 자동차 시장을 흔들고 있다. 다음 표는 판매 대수를 기준으로 한 2024년 글로벌 자동차 기업 Top 5이다.

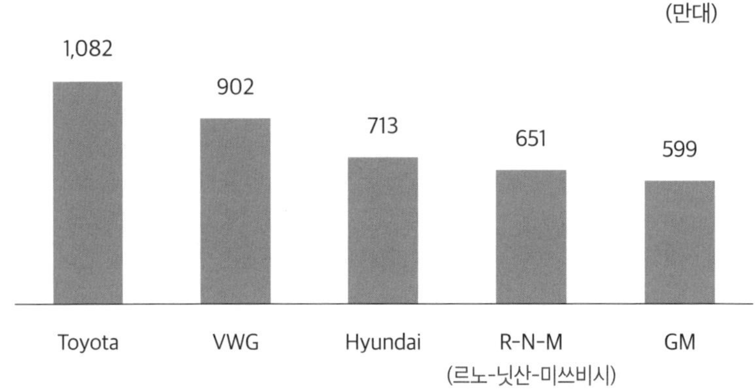

글로벌 자동차 세계 1위 기업은 토요타다. 토요타는 경쟁사보다 압도적으로 높은 판매 대수와 영업이익을 바탕으로 오랜 기간 1위를 유지하고 있다. 2위는 폭스바겐그룹이다. 토요타에 1위를 내준 2020년부터 2위를 유지 중이다. 3위는 국내 기업인 현대자동차그룹이다. GM, 스텔란티스, 르노 등 미국과 유럽을 대표하는 업체보다 높은 순위로, 영업이익률 관점에서 보면 폭스바겐그룹보다 뛰어난 실적을 달성했다. 2022년부터 판매 대수와 영업이익률이 높아지면서 4위 업체와의 격차도 벌리고 있다.

4~6위는 르노-닛산-미쓰비시, GM, 스텔란티스가 치열하게 경쟁 중이다. 1~5위는 유럽, 미국, 일본, 한국을 대표하는 자동차 기업들이 상위권을 형성하고 있으며, 일부 변동은 있지만 특별한 점은 없다. 그러나 5위권 아래를 보면 이야기가 달라진다.

2024년 글로벌 자동차 기업 순위 6~10

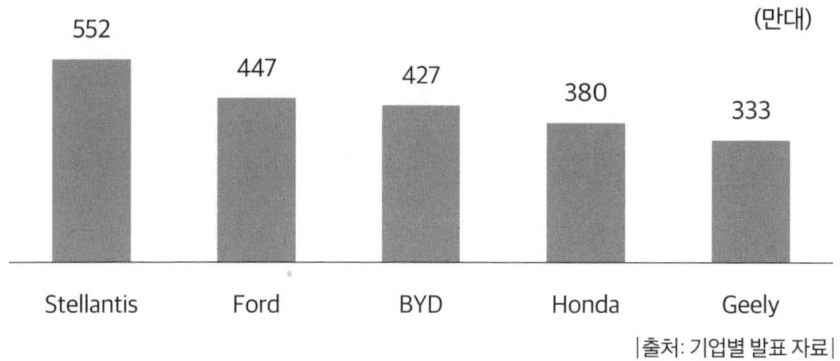

|출처: 기업별 발표 자료|

BYD가 8위, 지리가 10위이다. 자동차 산업에서 오랜 역사를 자랑하는 BMW, 메르세데스-벤츠보다 높은 순위를 중국 기업이 차지했다니 놀라운 일이다. 특히 BYD는 전기차 업체로서는 유일하게 10위권 이내에 진입했다. 테슬라도 달성하지 못한 놀라운 성과다. 일시적인 현상이 아니다. 글로벌 자동차 시장에서 중국 업체들의 파격적인 행보는 지속되고 있다. 다음 표는 판매 대수를 기준으로 한 2025년 상반기 기업 순위다.

2025년 상반기 글로벌 자동차 기업 순위 1~10

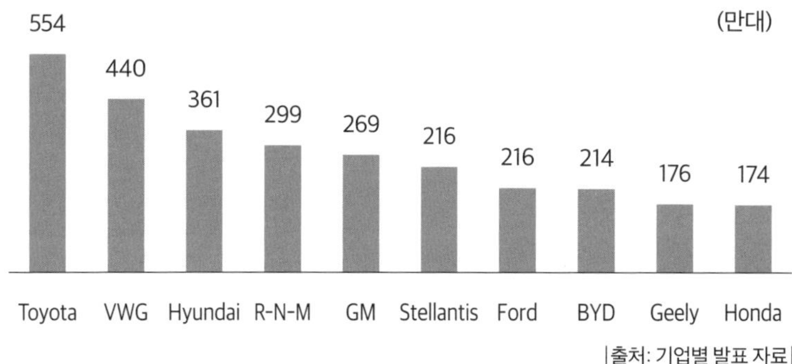

|출처: 기업별 발표 자료|

포드와 BYD의 격차가 좁혀지고 있고, 지리는 혼다를 제치고 9위로 올라섰다. 물론, BYD가 지금과 같은 높은 성장세를 유지하는 건 현실적으로 불가능하다. 이른 시점에 BYD의 성장률은 정체될 것이다.

이에 BYD는 해외 시장으로 판매를 확대하고 있다. 현재 우즈베키스탄, 태국, 브라질에서 전기차를 생산하고 있고, 인도네시아, 캄보디아, 튀르키예, 헝가리에 공장을 건설 중이다. 이를 통해 본격적으로 동남아시아와 유럽 시장을 공략할 것이다. BYD는 2024년 말, '2030 해외 판매 비중 50% 달성'이라는 목표를 수립했다. 공격적인 목표지만, 현재 흐름을 보면 충분히 달성할 수 있는 목표라고 생각한다.

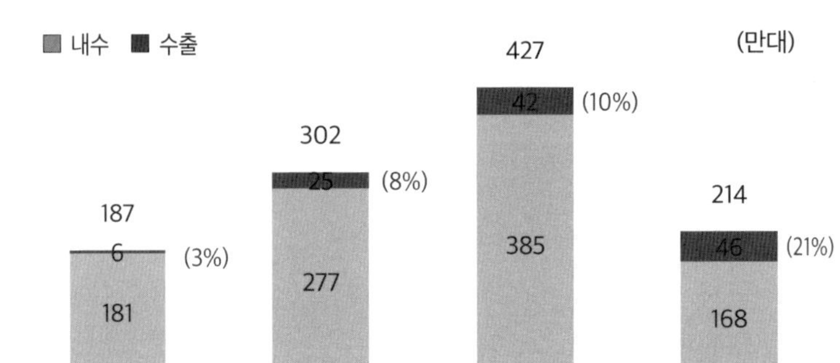

BYD 내수·해외 판매 비중

|출처: 기업 발표 자료|

BYD와 지리 외에 창안, 체리 등 고속 성장하고 있는 중국 전기차 업체들의 순위도 점차 높아질 것이다.

중국의 참전으로 미국, 유럽, 일본, 한국이 지배했던 글로벌 자동차 시장에 지각변동이 일어나고 있다. 아니, 이미 변화는 시작되었다. 서두에 언급했듯이 우리는 서서히 다가오는 변화에는 둔감하다. 일론 머스크의 공격적인 사업 확장과 마케팅, 테슬라 전기차에는 열광했으면서 정작 세계 1위 전기차 업체인 BYD에는 관심을 두지 않았다. 우리가 BYD에 주목한 건 2024년, 국내 진출을 선언한 후였다.

중국 업체들의 해외 시장 진출은 세계 자동차 산업에 커다란 변화를 만들고 있다. 내수 시장을 장악하고 해외로 무대를 옮기고 있는 중국 업체들을 절대 간과해서는 안 된다. 중국 자동차 시장이 어떻게 변했는지 기억해야 한다.

2

중국 자동차의 해외 시장 경쟁력은?

여전히 중국 자동차에 대해 이런 생각을 하는 사람들이 있을 것이다. '세계 자동차 시장에서 중국 업체는 한계를 보일 것이다. 글로벌 자동차 기업에 비해 자동차 기술력이 부족하다. 판매 대수가 증가할수록 품질 문제는 대규모로 발생할 것이다. 경쟁사를 모방한 디자인으로 이슈가 따르고 있다. 저렴한 가격을 제외하면 제품 경쟁력이 없다. 해외 고객들의 눈높이를 맞추는 건 불가능하다. BYD가 어떻게 글로벌 톱티어 기업으로 도약하겠는가? 중국 업체가 만든 차량은 결국 내수용일 뿐이다'라고 말이다.

잘못된 건 아니다. 그간 중국 제품들에 대한 인식이자, 중국 업체 스스로 만든 이미지다. 하지만 최근 중국 기업들은 변화하고 있다. 철강, 화학, 디스플레이, 전기차 배터리, 태양광 등 전통적인 제조업을 넘어 첨단기술, 신사업, 서비스 영역까지 시장 지배력을 확대하고, 차별화한 경쟁력을 바탕으로 독보적인 위치를 선점하고 있다. 해당 산업 분야에서 일하고 있는 사람이라면 필자가 하는 말에 공감할 것이다.

일본 자동차 기업이 처음 미국에 진출했을 때, 토요타가 시장 1위로 등극할지 그 누가 예상했을까? 토요타는 2021년에 GM을 제치고 미국 판매 1위를 달성했다. 1931년 이후 90년 동안 1위를 지켰던 GM을 밀어낸 역사적인 순간이었다. 미국 기업도 아닌 해외 브랜드가 말이다.

현대자동차그룹도 마찬가지다. 현대자동차는 1986년에 미국 시장에 진출했다. 초기에는 저렴한 가격으로 시장에 반향을 일으켰다. 하지만 품질 문제와 내구성 문제로 오랜 기간 판매가 부진했다. 그러다 2000년대 중후반, 품질 경영과 현지 전략 강화를 통해 미국 시장에서 경쟁력을 높여갔다. 2024년 현대자동차그룹은 미국 판매 4위, 시장점유율 10%가 넘는 선도 기업으로 등극했다. 그 누구도 예상하지 못한 일이었다.

2024년 미국 시장 자동차 판매 순위

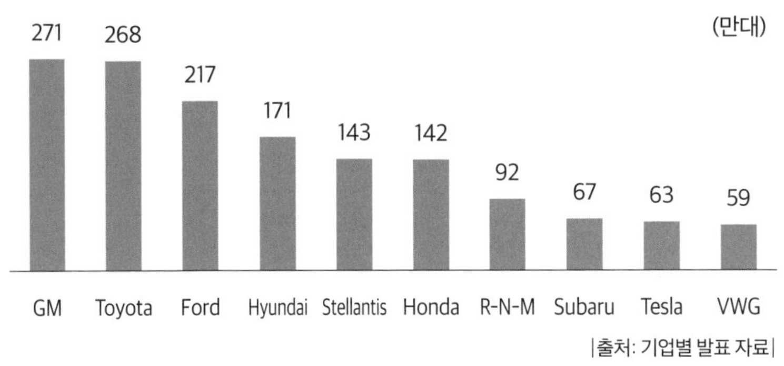

|출처: 기업별 발표 자료|

자동차 강국인 미국 시장에서 토요타, 현대자동차와 같은 아시아 기업도 상위권을 차지하고 있다.

BYD가 제2의 토요타, 현대자동차가 될 수도 있다. 중국 자동차 업체들이 자국 시장에서 어떻게 성장했는지 기억해야 한다. 중국 기업들에 대한 기존 인식을 버려야 한다. 글로벌 자동차 시장의 판도를 흔들고 있는 중국 업체들에 대한 전략적 대응이 필요하다.

3

중국 업체 대응 전략,
레거시에 답이 있다

빠르게 성장하고 있는 중국 자동차 업체들도 한계점은 존재한다. 자동차 산업의 역사는 길다. 오랜 기간 글로벌 자동차 기업들은 독자적인 핵심 역량과 사업 기반을 확보했다. 브랜드 파워, 글로벌 생산 거점 구축, 판매 및 서비스 네트워크 경쟁력, 차량 라인업 다양화, 품질 안정성 등이 대표적이다. 이는 중국 업체들이 단기간에 확보하기 어려운 영역이다.

자국 시장에서 엄청난 혜택을 받으며 성장해온 중국 업체에게 해외 시장 개척은 많은 어려움이 따를 것이다. 해외 시장에서 중국 정부의 적극적인 지원을 받을 수 없다. 중국 브랜드를 선호하는 현지 소비자도 많지 않으며, 전기차 비중이 높은 편도 아니다. 그리고 현지에는 이미 시장을 주도하고 있는 글로벌 기업이 존재한다. 중국 시장을 공략해야 하는 글로벌 기업의 처지에 놓이게 되는 것이다.

글로벌 자동차 기업은 중국 업체가 확보하지 못한 자사만의 레거시를 활용해 해외 시장에서 확고한 위치를 선점해야 한다. 여기서는 두 가지 전략

과제를 제시하려고 한다. '파워트레인 다변화'와 '글로벌 자동차 동맹'이다.

⚠️

파워트레인 다변화

전기차 중심으로 자동차 산업을 재편 중인 중국 시장에서 해외 기업들은 어려움을 겪을 수밖에 없다. 내연기관 중심의 자동차 기업들이 내연기관을 포기하고 전기차에 집중한 업체들과 경쟁한다는 건 어려운 일이다. 그러나 이는 어디까지나 중국 시장 이야기다. 해외 시장은 다르다.

SNE 리서치에 따르면, 2025년 상반기 글로벌 전기차(EV+PHEV) 판매 대수는 약 947만 대로, 전년(718만 대) 대비 200만 대 이상 증가했다. 엄청난 규모의 성장세다. 그러나 지역별로 보면 격차가 크다.

2025년 상반기 지역별 전기차 판매 대수

지역	24년 상반기		25년 상반기		성장률
	판매대수(만)	점유율	판매대수(만)	점유율	
중국	432	60%	598	63%	38%
유럽	152	21%	195	20%	28%
북미	86	12%	85	9%	-1%
아시아	35	5%	51	5%	44%
기타	13	2%	18	2%	37%

|출처: SNE 리서치|

글로벌 전기차 판매 대수에서 중국의 비중은 63%다. 단일 국가 점유

율로는 압도적인 수치로, 전년 대비 성장률은 38%에 달한다. 2024년 상반기 대비 증가한 판매 대수는 229만 대로, 중국 비중은 72%(166만 대)였다. 사실상 중국이 글로벌 전기차 성장을 주도했다고 볼 수 있다. 반면, 유럽은 전년 대비 전기차 판매는 증가했으나 점유율은 감소했고, 북미는 판매 대수와 점유율 모두 감소했다. 아시아 및 기타 지역은 성장 중이지만, 유럽과 북미와 비교하면 시장 규모가 작다. 중국과 노르웨이 등 특수성이 있는 국가들을 제외하면, 여전히 대부분 지역에서 내연기관 차량 비중이 압도적으로 높다.

물론 전기차 시장 진입 관점에서 중국 전기차의 경쟁력은 우수하다. 하지만 시장 규모가 작으면 무슨 의미가 있겠는가? 신규 시장에 진출하기 위해선 법인 설립, 판매 네트워크 구축 등을 위한 막대한 투자 비용이 수반되어야 한다. 전기차 시장이 커져야 중국 업체도 성장할 수 있다. 전기차 시장이 커지려면 탄소 규제, 보조금 지원, 충전 인프라 확보 등 국가 차원의 지원이 있어야 한다. 이는 단기적으로 달성할 수 있는 수준이 아니다. 전기차 중심인 중국 업체들은 한계점에 직면하게 될 것이다.

글로벌 자동차 기업들은 지금 이 시기를 놓쳐서는 안 된다. 기존 자동차 기업들은 내연기관, 하이브리드, 플러그인 하이브리드, 전기차로 이어지는 파워트레인 다변화에 성공했다. 중국 업체처럼 전기차 시장에만 의존할 필요가 없다. 전기차 전환을 서두르기보다는 국가별 시장 변화에 탄력적으로 대응하면 된다.

중국 시장은 중국 업체들과 경쟁할 수 있는 전기차로 대응해야 한다. 공격적인 전기차 투입이 필요하다. 그리고 탄소 규제 등 친환경 정책을 유지하는 유럽 시장에서는 전기차 판매 비중을 높여야 한다. 규제가 완화되는 시점에서는 전기차 전환 속도를 조정하면 된다. 미국 시장은 정부 정책에 따라 탄력적으로 대응해야 한다. 트럼프 대통령 당선 이후 친환경 정책은 축소되고 있다. 하이브리드, 플러그인 하이브리드, 주행거리 연장형 전기차(EREV, Extended-Range Electric Vehicle) 등 전기차를 대체할 수 있는 파워트레인을 확대하면서 시장 상황을 주시해야 한다. 인도와 브라질 시장에서는 내연기관 차량 중심으로 시장을 선점하는 게 중요하다. 전기차는 초기 전기차 시장 대응을 위한 라인업만 선보이면 된다.

중국 전기차를 전기차로만 대응해야 한다는 생각을 버려야 한다. 충전 인프라가 부족한 지역에서 전기차 시장이 지속 성장할 수 있을까? 내연기관 차량 대비 고가인 전기차를 사람들이 구매할 수 있을까? 현지 시장 상황과 고객들의 선호도를 파악해야 한다. 핵심은 국가별 전기차 전환 속도에 맞춘 파워트레인 전략 수립이다.

본격적인 전기차 시대가 오기 전까지 자동차 시장은 수많은 과도기를 겪게 될 것이다. 이 기간을 어떻게 대응하는지에 따라 자동차 기업의 미래가 결정될 것이다. 파워트레인 다변화를 통해 글로벌 자동차 기업들은 시간을 확보할 수 있다. 합리적인 가격대에 우수한 성능을 갖춘 전기차를 개발할 시간이다. 본격적인 전기차 경쟁은 이때부터 시작이다.

⚠️ 글로벌 자동차 동맹

중국 자동차 업체들은 정부의 적극적 지원과 거대한 내수 시장을 바탕으로 급성장했다. 기존 자동차 기업들과는 차원이 다른 빠른 속도였다. 이런 중국 업체들과 경쟁하기 위해서는 기존의 틀을 깨는 새로운 전략이 필요하다. 여기에 '글로벌 자동차 동맹'이 그 답이 될 수 있다. 경쟁 관계였던 자동차 기업들이 협업 관계를 구축해 보유한 강점을 공유하여 상호 보완적 시너지를 창출하는 것이다. 치열하게 경쟁 중인 자동차 기업들이 동맹을 맺다니, 비현실적인 이야기라고 할 수도 있다. 하지만 이미 실행 중인 기업들도 있다.

현대자동차와 GM은 2024년 9월 전방위적 사업 협력에 대한 MOU(업무협약)를 체결하고 2025년 8월, 양사가 공동 개발하는 5개 차량에 대한 계획을 발표했다. 양사는 중남미 시장용 중형 픽업트럭, 소형 픽업트럭, 소형 승용차, 소형 SUV, 북미 시장용 전기 밴을 개발할 계획이며, 모두 내연기관과 하이브리드 시스템을 탑재한다. 현대자동차는 소형 차종과 전기 밴 플랫폼을, GM은 중형 트럭 플랫폼 개발을 주도하여 양사의 장점을 극대화할 예정이다. 이를 통해 현대자동차는 픽업트럭 기술을 확보하고 GM은 소형차와 전기 밴 라인업 강화라는 전략적 목표를 달성할 수 있다. 양사는 공동 개발 차량이 본격적으로 양산되면, 연간 80만 대 이상을 생산할 수 있다고 전망했다.

혼다와 닛산도 2025년 3월 전략적 기술 협력을 위한 MOU를 체결했다. 전기차, 배터리, SDV(Software Defined Vehicle, 소프트웨어 정의 차량), 자율주행, 커넥티비티 등 핵심 기술 분야에서 공동 연구와 개발을 진행 중이다.

현대자동차와 GM의 전략적 협업

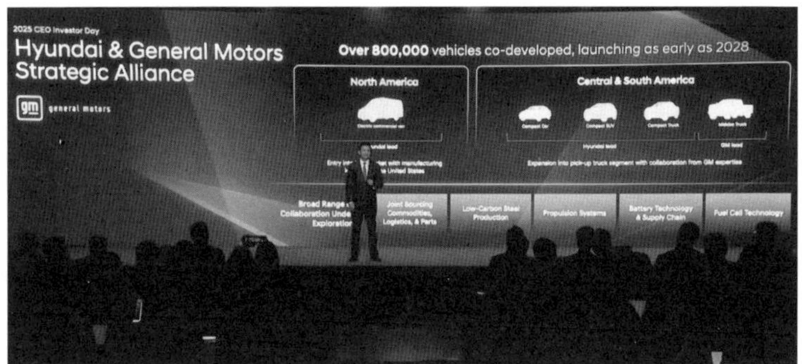

|출처: autonews|

글로벌 자동차 기업들의 협력 배경에는 중국 업체 대응도 있을 것이다. 저가 전기차 물량 공세, 현지 생산 거점 확대 등 중국 전기차 업체의 글로벌 공세가 거세지고 있다. 글로벌 자동차 기업들도 개별 대응으로는 한계가 있다는 걸 인지하고 있을 것이다.

픽업트럭이 없는 현대자동차가 단독으로 전기 픽업트럭을 개발한다면 높은 비용과 시간이 소요될 것이다. GM도 미국에서 대형차 위주로 사업을 했기에 소형차 라인업은 부족하다. 거기에 전기차 개발까지 해야 한다면 부담이 커질 것이다. 이런 상호 보완적 협력을 통하면 양사는 효율적으로 경쟁력을 강화할 수 있다. 중장기 관점에서 각 사의 핵심 역량 강화와 비용 절감을 위한 자동차 동맹을 확대해야 한다.

중요한 건 실행력이다. MOU는 법적 구속력이 없다. 기술 유출, 양사 이해관계 충돌 등으로 이런 전략적 협업이 유명무실해지는 경우가 많다. 시간과 자원만 낭비하는 최악의 결과다. 실행력 없는 계획은 의미가 없다. 동맹을 맺기 전 다음 질문에 구체적으로 답할 수 있어야 한다.

◆ 전략적 협업을 하는 목적은 무엇인가?

◆ 어떤 기업과 협력할 것이며 그 이유는 무엇인가?

◆ 중장기 실행 계획을 수립했는가?

◆ 중장기 실행 계획을 통해 어떤 결과를 도출할 것인가?

◆ 단기·중장기 관점 추진 과제를 정의했는가?

중국 자동차 업체의 해외 진출은 세계 자동차 시장에 코로나19 팬데믹, 미국 관세 정책보다 더 큰 위기를 부를 것이다. 해외 시장에서 중국 업체에 주도권을 뺏긴 기업은 몰락의 길을 걷게 될 것이다. 파워트레인 다변화, 글로벌 자동차 동맹을 통해 대응력을 강화해야 한다.

이 외에도 글로벌 자동차 기업들이 보유한 역량과 자산을 100% 활용해야 한다. 브랜드 인지도, 생산 거점, 채널(딜러) 경쟁력, 빅테크 협력 등을 기반으로 차별화된 경쟁 우위를 확보해야 한다. 중국 자동차의 해외 진출 대응, 글로벌 자동차 기업들이 수십 년간 쌓아온 업력과 저력에 답이 있다.

PART 4

자동차 소프트웨어 전쟁

CHINA IMPACT

1

SDV,
소프트웨어가 정의하는 자동차 경쟁력

최근 자동차 산업에서 가장 주목받는 키워드는 SDV다. 소프트웨어 중심의 자동차, 쉽게 말해 소프트웨어로 차량을 제어한다는 뜻이다. 과거 자동차 기업의 경쟁력은 하드웨어였다. 파워트레인(엔진, 변속기) 성능, 디자인, 품질, 안전성 등이 경쟁 우위 요인이었다. 하지만 자동차 기업들의 역량이 전반적으로 높아지면서 제조 기술과 하드웨어 품질만으로 경쟁 우위를 유지하기 어려워졌다. 하드웨어 성능은 차별화 요인이 아닌 당연히 갖춰야 할 기본기가 되었다. 여기에 디지털 기술 혁신이 빠르게 진행되면서 자동차에 대한 사람들의 기대 수준도 높아졌다. 기존과는 다른 새로운 차량 경험이 필요한 시점이 온 것이다.

그리고 테슬라가 나타났다. 테슬라는 세계 최초로 SDV를 개발한 기업이다. 소프트웨어로 차량을 제어한다는 개념조차 없는 시기에, 테슬라가 보여준 SDV 기술은 기존 자동차 기업들에 충격을 선사했다. 테슬라는 전

기차 혁명을 주도한 기업이지만, SDV를 창시한 기업으로 더 높은 평가를
받아야 한다.

테슬라는 2012년 자체 OS(Operating System, 운영체제)를 적용한 모델 S를
출시했다. 모델 S에는 차량 소프트웨어를 무선으로 업데이트하는 기술인
OTA(Over The Air) 기술이 탑재되었다. 덕분에 자동차 업데이트를 받기 위
해 정비 거점을 방문할 필요가 없어졌다. 고객과 테슬라 모두 시간과 비용
을 절약할 수 있게 된 것이다. 테슬라가 모델 S 화재 문제를 개선한 사례를
보면 OTA가 얼마나 혁신적인 기술인지 알 수 있다.

테슬라의 무선 소프트웨어 업데이트

|출처: Settings Infotech|

모델 S는 출시 초기, 차량 화재 사고가 연달아 발생하는 문제가 있었
다. 원인은 낮은 차체였다. 도로 위 파편이 차량 하부에 있는 배터리 팩에
충격을 가한 것이다. 이에 테슬라 엔지니어들은 차체를 높이는 소프트웨어

코드를 만들어 무선으로 업데이트를 진행했다. OTA를 통해 매우 민감한 전기차 화재 문제를 신속하게 해결할 수 있었다.

다른 자동차였으면 어땠을까? 대상 고객들에게 일일이 연락해 정비 예약을 잡고, 정비 거점에서 순차적으로 수리했을 것이다. 대상 차량이 많았다면 조치 기간이 길어지고, 이로 인한 비용과 고객들의 불만은 증가했을 것이다. 모두 자동차 기업이 감수해야 하는 일이다.

테슬라가 보여준 OTA 기술은 센세이션 그 자체였다. 테슬라는 스마트폰처럼 무선 업데이트가 가능한 자동차를 구현했다. 2021년이 되어서야 기존 자동차 기업들도 OTA를 도입하기 시작했다. 그것도 내비게이션 업데이트 등 제한된 기능만 가능한 수준이었다. 테슬라처럼 자동차 주행 소프트웨어 전 영역을 커버하는 OTA 기술을 적용하기 위해서는 갈 길이 멀다.

또한, 테슬라는 중앙집중형 전기·전자 아키텍처를 구축해 SDV 기술을 선도하고 있다. 중앙집중형 전기·전자 아키텍처는 고성능 컴퓨터와 소수의 ECU(Electronic Control Unit, 전자제어유닛)를 통해 자동차의 주요 기능을 신속하고 정확하게 제어할 수 있다. 테슬라는 2019년 출시된 모델 3에 중앙집중형 전기·전자 아키텍처를 적용했다. 자체 개발한 차량용 반도체를 활용해 ECU 개수를 줄이고 고성능 컴퓨터를 탑재했다. 모델 3는 통합된 소수의 핵심 ECU를 통해 자동차의 핵심 기능을 제어할 수 있다.

내연기관 자동차는 엔진, 변속기, 조향 장치, 공조 장치 등 각 부품 모듈에 설치된 ECU를 통해 개별로 제어하는 구조다. 자동차 내에 탑재된 ECU 개수만 수십에서 수백 개에 다다른다. 자동차 제어 측면에서 효율성이 떨어질 수밖에 없는 구조다. 테슬라는 중앙집중형 전기·전자 아키텍처 기반으로 자율주행 기술인 '오토파일럿', 'FSD(Full Self Driving)'를 포함한 다양한 커넥티드 서비스를 확대하고 있다.

거기에 고객이 추가 비용을 내면 새로운 기능을 사용할 수 있는 새로운 수익 구조를 만들었다. 바로 무선 통신 기술을 활용해 자동차 기능(옵션)을 선택적으로 구매할 수 있는 'FoD(Feature on Demand)' 서비스다.

기존에는 차량을 구매할 때 사용할 기능이 적용된 트림을 선택해야 했다. 예를 들어 통풍 시트 기능을 원하면, 해당 옵션이 적용된 차량 트림을 구매해야 했다. 차량 출고 후에 새로운 옵션을 추가하는 건 불가능했다. 그러나 FoD 서비스를 활용하면 차량 출고 후에도 원하는 소프트웨어 기능을 구매하여 이용할 수 있다. 고객과 자동차 기업 모두에게 엄청난 혜택을 주는 기능이다. 고객은 차량 출고 후에도 원하는 기능을 사용할 수 있고, 소프트웨어가 업데이트되면 새로운 기능을 이용할 수도 있다. 기업은 일회성인 차량 판매 수익을 넘어 지속적인 수익을 확보할 수 있다. 테슬라의 FSD 구독료는 월 99달러로, 수익성 증가에 큰 도움이 되고 있다. FSD 구독료의 이익률은 전기차 판매 대비 높은 수준으로, 삼성증권이 추정한 FSD의 매출 대비 총이익률은 78%에 달한다.

OTA, 자율주행 등 미래 기술력 확보와 신규 수익 창출 관점에서 SDV

는 더욱 중요해지고 있다. SDV 시장 규모도 지속 성장할 것으로 전망된다. 글로벌 시장조사 업체 프레시던스 리서치(Precedence Research)는 SDV 시장 규모가 2024년 508억 1,000만 달러에서 2034년 3,009억 8,000만 달러에 달할 것으로 전망했다. 연평균 성장률(CAGR)은 19.5%에 달한다. 물론 이런 시장 전망은 매해 바뀔 것이다.

중요한 것은 SDV가 자동차 산업에 새로운 패러다임을 제시했다는 사실이다. SDV는 단순한 기술적 변화가 아니다. 자동차의 경쟁력을 새롭게 정의하는 전환점이다. 자동차 산업의 경쟁 축이 하드웨어에서 소프트웨어로 이동하고 있다. 전통적인 제조 기반에 소프트웨어 역량을 결합하지 못한 자동차 기업은 미래 경쟁에서 생존할 수 없다.

2

글로벌 자동차 기업들의 SDV 경쟁

글로벌 자동차 기업들도 자체 OS 개발 또는 외부 업체와의 협력을 통해 SDV 구현을 앞당기고 있다.

토요타는 소프트웨어 자회사 우븐 바이 토요타(Woven by Toyota)를 설립해 자체 OS인 '아린(Arene)'을 개발하고 있다. 아린은 안전성과 보안성이 높으면서 소프트웨어 확장 개발이 가능한 플랫폼으로, 2025년에 출시한 RAV4에 최초로 탑재되었다. 기존 글로벌 자동차 기업 중 SDV OS를 탑재한 후 업데이트를 통한 개발을 제시한 기업은 토요타가 처음이다. 토요타는 RAV4를 시작으로 아린 적용 영역을 확장해 SDV 전략을 실현할 계획이다.

아린 핵심 패키지

아린 핵심 패키지

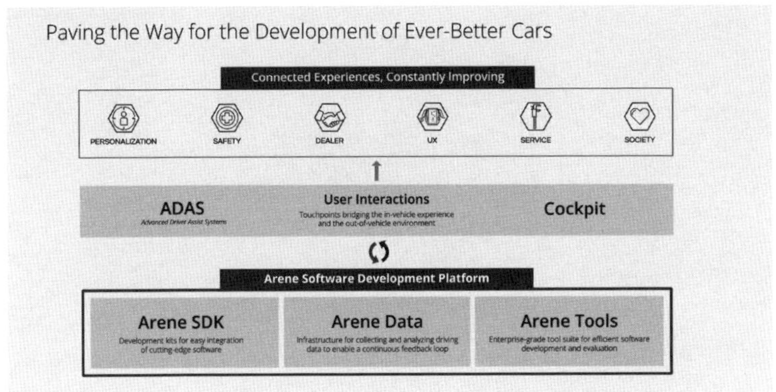

|출처: Woven by Toyota|

폭스바겐그룹은 2020년 소프트웨어 계열사인 카리아드(CARIAD)를 출범해 자체 OS인 'VW.os'를 개발하고 있다. 자체 개발뿐만 아니라 외부 업체와의 협력도 병행하고 있다. 폭스바겐그룹은 2025년 미국 전기차 기업 리비안(Rivian)과 50억 달러 규모의 전략적 파트너십을 체결했다. 리비안이 개발한 차세대 전기차 플랫폼 R2를 전기차 소프트웨어 아키텍처로 채택할 계획이다. 폭스바겐, 아우디, 스코다 등 폭스바겐그룹의 차량에 R2를 적용할 예정이다. 카리아드가 리비안의 소프트웨어 아키텍처를 폭스바겐그룹 전체 브랜드에 통합하는 역할을 맡게 된다. 리비안 기술이 도입될 첫 번째 모델은 2027년 출시 예정인 전기차 ID. EVERY1이다. 폭스바겐그룹은 이를 통해 카리아드의 자체 개발 지연 문제를 최소화할 계획이다.

현대자동차그룹도 토요타와 마찬가지로 자체 OS 개발에 매진하고 있다. 2022년, 현대자동차그룹은 자율주행 스타트업 42dot을 인수했다. 자율주행 기술 역량을 강화하고 소프트웨어 개발 조직을 통합하여 SDV 경쟁력을 강화하기 위해서다. 2025년에는 통합 소프트웨어 '플레오스(Pleos)'를 발표하면서 SDV 개발 방향성을 제시했다. 2026년 출시 예정인 8세대 아반떼와 5세대 투싼에 현대자동차의 차세대 인포테인먼트 시스템(Infotainment System, 내비게이션 및 비디오·오디오 엔터테인먼트를 제공하는 차량 내 전자 시스템)인 '플레오스 커넥트(Pleos Connect)'를 탑재할 계획이다.

플레오스 커넥트는 안드로이드 오토모티브 OS를 기반으로 설계된 시스템으로, 17인치 대형 디스플레이를 통해 스마트폰 수준의 직관적인 사용성을 제공한다. 여기에 현대자동차 최초의 AI 비서인 '글레오 AI(Gleo AI)'도

탑재된다. 글레오 AI는 단순한 질문부터 복합적인 요청까지 대응하는 생성형 AI다. 현대자동차그룹은 2026년부터 2030년까지 약 2,000만 대 이상의 차량에 플레오스 커넥트를 적용할 계획이다.

플레오스 커넥트가 탑재된 SDV 테스트베드 차량

|출처: 현대자동차그룹|

그 외 많은 주요 글로벌 자동차 기업들도 자체 OS 개발에 속도를 내고 있다. GM은 'VIP(Vehicle Intelligence Platform)', BMW는 'BMW OS', 메르세데스-벤츠는 'MB.OS'를 개발 중이다. 자체 OS는 SDV의 핵심 소프트웨어 플랫폼이다. 자체 OS 개발 성공 여부가 자동차 기업들의 SDV 전환 시기를 결정지을 것이다.

그렇다면 자동차 기업들의 SDV 경쟁력은 어떻게 될까? 자동차 산업 시장조사와 분석을 전문으로 하는 미국 조사기관 워즈 인텔리전스(Wards Intelligence)는 매년 SDV 순위를 발표하고 있다. SDV 성능, 재무 건전성, 차량 플랫폼 준비, 조직 구축 등 SDV 전환 속도와 성과에 대한 평가다.

SDV 순위

등급	자동차 기업
Leaders	테슬라, 니오, 샤오펑, 샤오미, 리비안
Strong Contenders	지커, 루시드, 립모터, BMW, BYD
Contenders	폭스바겐그룹, 현대자동차그룹, GM, 메르세데스-벤츠, 르노, 리오토
Followers	스텔란티스, 포드, 혼다, 닛산, 마쓰다, 재규어 랜드로버 등

|출처: Wards Intelligence|

SDV 선도 기업인 테슬라가 1위다. 당연하다. 하지만 중국 전기차 업체들이 상위권에 오른 것은 충격적인 일이다. 니오, 샤오미, 샤오펑 등 중국 전기차 업체들이 폭스바겐그룹, 현대자동차그룹 등 글로벌 자동차 기업들보다 더 빠른 속도로 SDV 전환을 추진하고 있다. 중국 자동차 업체들은 어떻게 SDV 경쟁에서 앞서 나갈 수 있었을까?

◆ 자체 OS 개발, 자율주행 등 SDV 핵심 기술 개발에 대한 대규모 투자

◆ 중국 정부의 산업 육성 정책과 SDV 인프라 구축 지원

◆ 중국 빅테크 기업(화웨이, 알리바바 등)과의 협업을 통한 차량 소프트웨어 기술 확보

가장 큰 요인은 전기차로 사업을 시작했다는 점이다. 내연기관 차량은 엔진, 변속기 등 기계적 제어가 필요한 부품만 수백 개에 달한다. 자동차 기능별로 ECU가 필요해 구조가 복잡하다. 반면 전기차는 기계 구조가 단순하고 전자 제어 기반으로 설계되어 있다. 차량 내 핵심 기능이 소프트웨어 중심으로 통합 제어되어 SDV 전환이 단순하고 비용도 적게 든다.

즉, 전기차 업체들이 차량 설계 단계부터 SDV 적용을 고려한 건 당연한 일이었다. 전기차에 중앙집중형 전기·전자 아키텍처 구조가 도입되면서 소프트웨어 제어가 용이해졌고, 자체 OS, 통합 ECU, 클라우드 연동 등 SDV 핵심 기술을 바로 적용할 수 있었다.

내연기관 자동차와 전기차 비교

구분	내연기관	전기차
구동계	복잡 (기계적 부품 다수 포함)	단순 (모터·배터리 중심)
ECU 구조	분산형 (수십~수백 개 보유)	통합형 (도메인 컨트롤러 중심)
소프트웨어 통합	어려움 (기존 하드웨어 존재)	용이 (SW 중심 설계 가능)
SDV 전환 가능성	낮음	매우 높음

현시점에 SDV 경쟁의 승자를 논하는 건 이르다. SDV 전쟁은 이제 막 시작되었다. 테슬라와 중국 업체들이 유리한 위치에 있는 게 맞다. 하지만 이들의 독주가 계속되지는 않을 것이다.

토요타, 폭스바겐그룹, 현대자동차그룹 등 글로벌 자동차 기업들의

SDV 전환 속도도 점차 빨라질 것이다. 오랜 기간 자동차 산업에서 쌓은 글로벌 자동차 기업들의 역량과 자산을 활용하면 충분히 가능하다.

3

핵심은 기술이 아닌 가치에 있다

SDV 경쟁에서 승리하기 위한 핵심 요인은 무엇일까? 자체 OS 개발, 데이터 분석 기술을 포함한 소프트웨어 역량 확보, 중앙집중형 전기·전자 아키텍처 구현, 소프트웨어 중심 조직 설계와 인력 확보 등 많은 요인이 있을 것이다. 하지만 기술적인 요인들이 핵심은 아니다. SDV 전환을 위한 필수 요소지만, 기술만으로 차별화된 경쟁력을 확보할 수 없다.

기술보다 중요한 건 '고객 가치'다. SDV를 통해 고객에게 어떤 가치를 줄 수 있는지가 SDV 경쟁의 승부를 결정지을 것이다. 다음은 고객 가치에 집중하지 못한 대표적인 사례다.

테슬라를 대표하는 SDV 기술은 FSD다. 하지만 FSD 구독률은 예상보다 높지 않았다. 2024년 3월부터 북미 고객들에게 한 달 동안 FSD 패키지를 무상 제공했으나, 무료 기간 종료 후에는 약 2% 고객만이 FSD 서비스를 구매했다. 이에 테슬라는 2024년 4월, 북미 시장에서 FSD 구독료를 기존 199달러에서 99달러로 인하하고, FSD 구매 가격을 12,000달러에서 8,000달러로 조정했다.

이후 FSD 구독률은 두 달 동안 약 106%가 증가했고, FSD 구매율도 증가했다. 2025년 9월, 테슬라 엔지니어링 부사장 라스 모라비(Lars Moravy)는 FSD 구매율이 과거 한 자릿수에서 10% 이상으로 상승했다고 밝혔다.

2022년, BMW는 일부 모델에 열선 시트와 열선 핸들 등을 사용할 수 있는 월 구독 서비스를 론칭했다. 독일, 영국, 미국, 한국을 대상으로 월 18달러, 연 180달러, 3년 300달러의 구독료를 책정했다. 구독이 아닌 구매 비용은 145달러였다. 당연히 고객들의 반응은 냉랭했고, BMW에 대한 비난의 목소리도 커졌다. 전 세계적으로 반발이 커지자, 2024년 BMW는 본 서비스를 철회했다.

BMW 열선 시트 구독 상품

|출처: New York Post|

SDV 선도 기업인 테슬라와 글로벌 프리미엄 브랜드인 BMW가 왜 이런 선택을 했을까? 바로 두 기업 모두 기술력에만 집중하고 고객 가치를 간과했기 때문이다. 테슬라와 BMW는 이렇게 생각했을 것이다. '다른 자동차에서는 경험할 수 없는 기능인 FSD를 월 199달러로 이용할 수 있다면 합리적이지 않을까? 겨울에만 월 18달러만 내면 열선 시트를 이용할 수 있는데 주저할 사람이 있을까?'라고. 더군다나 BMW와 같은 프리미엄 브랜드를 사는 사람이라면 말이다.

자동차는 일반 소비재와 달리, 상징적 의미를 지닌 고가 자산이다. 브랜드에 대한 자부심과 정체성이 드러나기에 소유의 의미를 넘어, 강력한 심리적 연결고리가 생기는 제품이다. 그래서 구매 관여도와 고객들의 기대치, 구매 결정 요인(가격, 브랜드, 성능, 디자인 등)이 다양하다.

자동차 기업들이 고객 가치에 집중하는 이유다. 고객의 기대를 뛰어넘는 가치를 제공해야 브랜드 충성도가 높은 고객을 확보할 수 있다. 충성고객은 재구매, 브랜드 지지 등 고객생애가치(LTV, Lifetime Value)가 높다. 기업의 경쟁력 강화와 지속 성장에 중요한 역할을 한다. 반대로 이탈한 고객의 마음을 돌리는 일은 굉장히 어렵다. 품질, 고객 서비스 등 사소한 잘못이 심각한 문제로 이어지기도 한다.

SDV 성공 척도도 고객이어야 한다. 테슬라와 BMW의 사례를 잊지 말아야 한다. 기술력은 수단일 뿐이다. 고객에게 어떤 가치를 줄 수 있는지에 집중해야 한다.

SDV 기술이 발전할수록 새로운 기능과 서비스가 나타날 것이다. 신규 서비스를 개발하는 기업은 고객 관점에서 본질에 충실해야 한다. SDV 기술 개발과 서비스 론칭에 있어 다음 세 가지 질문에 명확히 답변할 수 있어야 한다.

◆ 고객들이 원하는 서비스는 무엇인가?
◆ 고객들의 니즈를 충족시킬 수 있는 SDV 기능은 무엇인가?
◆ 어떤 서비스를 어떻게 제공해야 하는가?

SDV 기술력은 중요하다. 하지만 고객 가치가 기술력보다 절대적으로 중요하다는 걸 잊지 말자.

SDV의 중요성이 커질수록 이를 전담하는 SDV 조직의 규모 역시 확대될 것이다. 핵심은 고객 중심의 SDV 조직을 구축하는 것이다. 과거에도 다수의 자동차 기업들은 고객 가치의 중요성을 인식하고 CX(Customer Experience, 고객 경험) 조직을 신설했다. 그러나 단순히 CX 조직을 강화하는 것만으로는 충분하지 않다. 조직을 어떻게 운영하느냐가 더 중요하다. CX 조직은 고객의 목소리에 집중해, 고객에게 제공해야 할 경험의 방향성을 명확히 제시해야 한다.

핵심에 집중하지 못하는 CX 조직은 실패한다. 이들은 고객의 모든 고충을 개선하려고 하고, 고객의 사소한 니즈까지 충족시켜야 한다고 주장한다. 고객 경험 개선을 위한 추상적인 방향성과 콘셉트 기획만 반복한다. 실행력이 수반되지 않는 비전만 제시할 뿐이다. 이런 CX 조직은 현실을 모른다는 비판을 받을 수밖에 없다. 상황이 개선되지 않으면 CX 조직은 유명무실한 존재로 전락한다.

물론, 아무리 고객 가치를 강조해도 개발 조직 특성상 SDV 조직은 기술력에 집중할 수밖에 없다. 그래서 SDV 조직에 고객 중심 마인드셋(Mindset)을 구축해야 한다.

고객 가치를 고려한 SDV 비전과 실행 로드맵을 수립해야 한다. SDV 기술을 통해 고객에게 어떤 가치를 제공할 것인지가 출발점이다. 개발자의 관점이 아닌 고객의 관점에서 생각해야 한다. SDV 기술 개발과 고객 경험을 분리하면 안 된다. 신기술 개발과 론칭으로 조직 KPI(Key Performance Indicator, 핵심 성과 지표)를 설정하면 안 된다. 고객 경험 관련 정량적인 지표를 포함해야 한다.

고객 중심의 SDV 전략을 실행하는 기업이 SDV 경쟁의 승자가 될 수 있다. 세상에 없던 기술이 아닌 고객에게 차별화된 가치를 제공하는 것이 핵심이다.

PART 5

전기차 배터리 사업, 중국의 벽을 넘어야 한다

CHINA
IMPACT

1

중국 천하가 된 전기차 배터리 시장

전기차 시장이 빠르게 성장하면서 전기차 배터리 산업도 동반 성장했다. 전기차(EV+PHEV) 판매 대수는 2020년 321만 대에서 2021년 673만 대로 두 배 이상 성장했다. 전기차 배터리 사용량도 2020년 148GWh에서 2021년 308GWh까지 증가했다.

연평균 성장률도 유사하다. 2017~2024년 전기차 판매 연평균 성장률은 42.9%이고, 동일 시점 전기차 배터리 사용량 연평균 성장률은 47.6%다. 전기차 전환이 가속화되면서 전기차 배터리 영역은 고부가가치 산업으로 급부상했다.

글로벌 전기차(EV+PHEV) 판매 대수

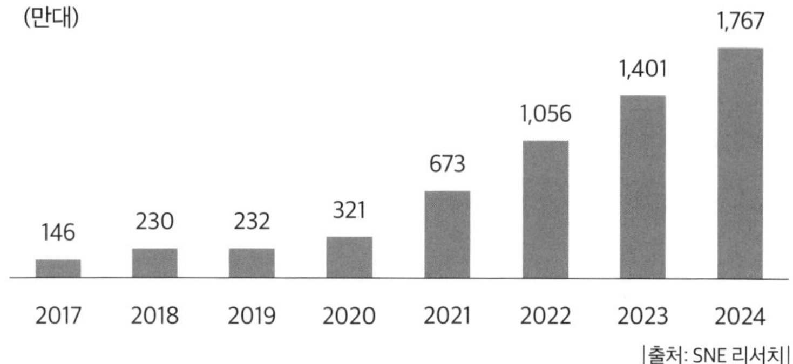

글로벌 전기차 배터리 사용량

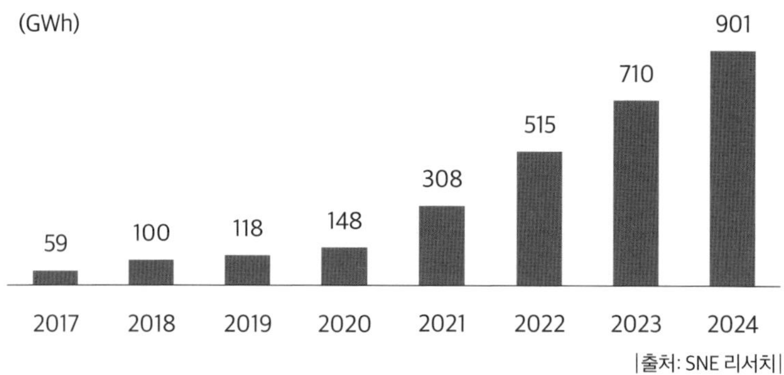

전기차 배터리 산업의 성장세는 지속되고 있다. 2025년 1~10월 글로벌 전기차 배터리 사용량은 934GWh로 전년 동기(691GWh) 대비 35.2% 증가했다.

전기차 성장을 주도하고 있는 중국을 제외해도 흐름은 유사하다. 2025년 1~10월 중국을 제외한 전기차 배터리 사용량은 378GWh로 전년 동기(294GWh) 대비 28.5% 증가했다.

제조업에서 이 정도 성장률은 이례적인 일이다. 각종 조사기관과 전문가들도 전기차 배터리 산업에 대한 긍정적인 전망을 쏟아냈다. 특히 글로벌 전기차 배터리 산업을 선도한 국내 기업들의 위상은 대단했다. 우리나라도 이차전지 산업을 반도체, 디스플레이와 함께 '3대 국가첨단전략기술' 분야로 선정했다. 전기차 배터리 산업의 밝은 미래를 의심하는 사람은 없었다.

전기차 배터리는 여전히 유망한 산업이다. 과거와 같은 성장세는 아니지만, 전기차 시장은 지속해서 성장하고 있다.

문제는 시장 구조다. 중국 업체들의 시장 장악력이 급격히 강화되고 있다. 전기차 시장이 급성장하기 시작한 2021년, 국내 배터리 업체들의 글로벌 시장점유율은 30.4%에 달했다. LG에너지솔루션이 20.3%로 글로벌 2위, SK온이 5.6%로 5위, 삼성SDI가 4.5%로 6위였다. 중국 시장을 제외한 국내 배터리 업체 3사의 시장점유율은 무려 55.6%에 달했다. LG에너지솔루션이 35.1%로 글로벌 1위, SK온이 11.1%로 4위, 삼성SDI가 9.4%로 5위였다.

하지만 상황이 급변했다. 불과 몇 년 사이에 전기차 배터리 산업은 중국 업체 중심으로 재편되고 있다. 2025년 1~10월, 중국 업체들의 글로벌 전기차 배터리 시장점유율은 70%에 육박한다. 글로벌 1위 CATL의 시장점유율은 38.1%이고, 2위인 BYD의 시장점유율은 16.9%다. 두 기업의 글로벌 시장점유율만 55%에 육박한다. 압도적인 수치다. 중국 시장을 제외해도 마찬가지다. 2025년 1~10월 기준 CATL의 시장점유율은 29.2%로 글로벌 1위다. BYD는 7.6%로 5위를 차지했다. 10위권 내에 중국 업체만 5개사다. 중국 시장을 제외해도 중국 업체들의 점유율은 40%가 넘는다.

국내 배터리 업체의 시장점유율은 37.5%다. 2025년을 기점으로 중국을 제외한 시장점유율에서도 중국 업체가 앞서가기 시작했다. 이제 CATL, BYD는 중국을 넘어 세계를 대표하는 전기차 배터리 기업으로 성장했다. 이들이 빠르게 성장하게 된 요인은 다음과 같다.

◆ 전기차와 배터리 산업 육성을 위한 중국 정부의 정책 지원

◆ 세계 최대 규모의 내수 시장을 바탕으로 한 대량 생산 체제 구축과 제품 경쟁력 확보

◆ LFP 제품 선점으로 자동차 제조사의 전기차 수익성 개선 니즈 충족

◆ 리튬과 흑연 등 배터리 생산 핵심 광물 확보를 위한 안정적인 공급망 구축

◆ 원가 절감, 성능 개선, 차세대 제품 개발 등 R&D 투자 확대

이미 각종 언론과 전문가들을 통해 수차례 언급된 내용이다. 배터리 업계 현직자들은 누구보다 잘 알고 있을 것이다. 이런 결과론적인 분석이 무슨 의미가 있겠는가? 근원적인 질문에 대한 답을 찾아야 한다. 왜 선제적으로 중국 업체에 대응하지 못했는가?

전기차 시장이 급성장하기 시작한 2021년부터 CATL, BYD 등 중국 업체들의 성장률은 국내 업체를 압도하고 있었다. 글로벌 전기차 배터리 사용량 기준, CATL은 2021년 99.5GWh에서 2024년 339.3GWh로 성

장했다. 연평균 성장률은 35.9%에 달한다. LG에너지솔루션은 2021년 71.6GWh에서 2024년 96.3GWh로 성장했다. 연평균 성장률은 12.8% 수준이다.

중국 시장을 제외하면 격차는 더 커진다. CATL은 2021년 21.1GWh에서 2024년 97.4GWh로 성장했다. 연평균 성장률은 46.6%다. LG에너지솔루션은 2021년 53.1GWh에서 2024년 88.8GWh로 성장했다. 연평균 성장률은 13.7% 수준이다.

글로벌 전기차 배터리 시장점유율

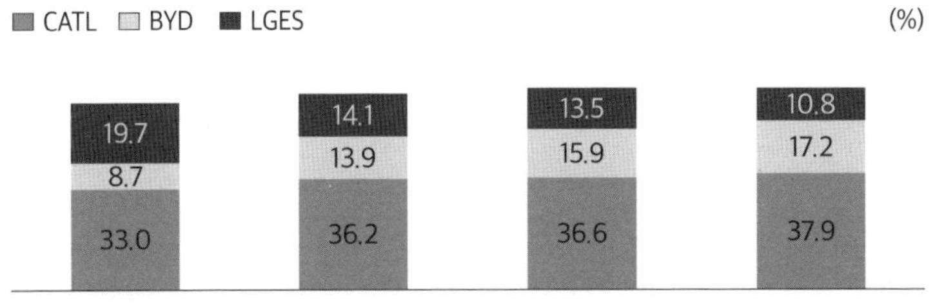

중국 시장 제외 전기차 배터리 시장점유율

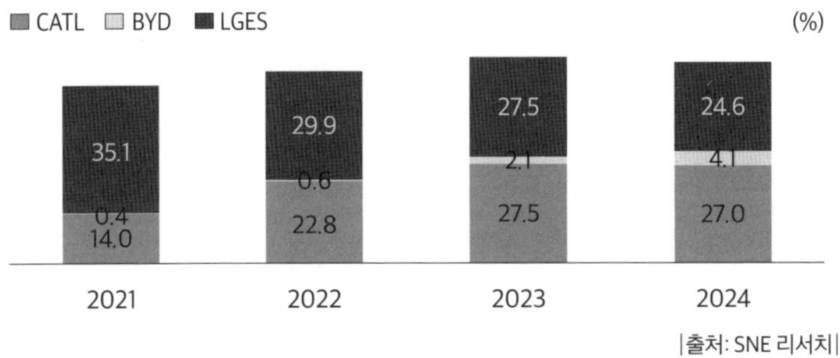

중국 배터리 업체들의 성장은 충분히 예측 가능한 일이었다. 하지만 국내 배터리 기술인 삼원계 배터리에 대한 지나친 확신과 중국 업체에 대한 지엽적인 평가가 오늘의 결과를 만들었다.

전기차 시장 초기에는 '주행거리'가 가장 중요한 이슈였다. 내연기관 차량보다 짧은 주행거리와 부족한 충전 인프라는 전기차 구매의 큰 걸림돌이었다. 이에 국내 자동차 기업들은 에너지 밀도가 높은 삼원계 배터리를 채택했다. 양극재로 니켈, 코발트, 망간(또는 알루미늄)을 사용하는 삼원계 배터리는 니켈 함량이 높을수록 주행거리가 늘어나는 장점이 있다. 삼원계 배터리를 주력으로 하는 국내 업체들이 시장을 장악할 수 있었다.

하지만 전기차 시장이 커지면서 충전 인프라가 확대되고 배터리 기술이 빠르게 발전했다. 주행거리는 더 이상 핵심 이슈가 아니게 되었다. 자동차 기업들은 수익성 개선에 집중하기 시작했다. 전기차 원가의 가장 큰 비중을 차지하는 배터리 가격 절감을 위해 LFP(Lithium Iron Phosphate, 리튬인산철) 배터리를 채택하기 시작했다. LFP 배터리는 삼원계 배터리보다 생산 단가가 낮다. 자동차 기업들의 저가 배터리 수요는 점점 증가했다. LFP 배터리가 주력 제품인 중국 업체들은 글로벌로 시장을 확대할 수 있었다. CATL은 테슬라, 폭스바겐그룹, BMW, 메르세데스-벤츠 등 주요 글로벌 자동차 기업에 배터리를 공급하고 있다. 이런 상황임에도 국내 각종 조사 기관과 전문가들은 중국 업체의 경쟁력을 심각하게 인식하지 않았다.

배터리 산업에 관심 있는 사람이라면 '중국 업체들은 내수용 기업에 불과하다', 'LFP는 중국 시장에서만 사용될 뿐이다', '글로벌 시장에서 국내 배터리 기업은 독보적인 위치를 유지할 것이다'라는 내용의 글을 읽어 보았을 것이다. 심지어 2023년 12월에도 국내 배터리 업체의 밝은 전망에 대한 글이 올라왔다. 글로벌 컨설팅 업체의 국내 지사에서 분석한 내용이었다.

2023년이면 중국을 제외한 시장에서도 CATL과 LG에너지솔루션의 시장점유율 격차가 좁혀지던 때였다. 2023년 상반기 실적만 제대로 분석해도 이런 글은 나오지 않았을 것이다. 자동차 제조사의 니즈가 어떻게 변하고 있는지, 경쟁사가 어떻게 성장하고 있는지, 기본적인 시장 변화도 분석하지 못한 것이다.

국내 배터리 업체의 위기에 대해서는 2024년부터 거론되기 시작했다. 시장 변화를 제대로 분석하지 못한 국내 배터리 업체들은 전략적 대응 시기를 놓쳤다. 중국 업체가 성장하게 된 가장 큰 이유는 경쟁사들의 대응 미흡일 것이다. 이제 중국을 제외한 시장에서도 중국 업체에 밀리는 참담한 상황이 됐다.

중국 천하가 된 전기차 배터리 산업에서 생존을 위한 전략을 수립해야 한다. 더 늦어지면 미국을 제외한 모든 시장에서 기회를 잃게 될 것이다.

2

흔들리는 EV 패러다임,
전기차 시대는 과연 오는가?

전기차 수요 둔화가 지속되면서 전기차 회의론이 부각되고 있다. 미국의 전기차 보조금 폐지, 유럽의 탄소 배출 규제 완화 정책 등으로 전기차 시장의 어려움이 지속되고 있다. 이에 많은 자동차 기업이 전기차를 대체할 주행거리 연장형 전기차 개발, 하이브리드 자동차와 플러그인 하이브리드 자동차 판매 확대 등으로 전동화 전략을 수정하고 있다.

미국 전기차 보조금 폐지 전 판매 촉진 중인 테슬라

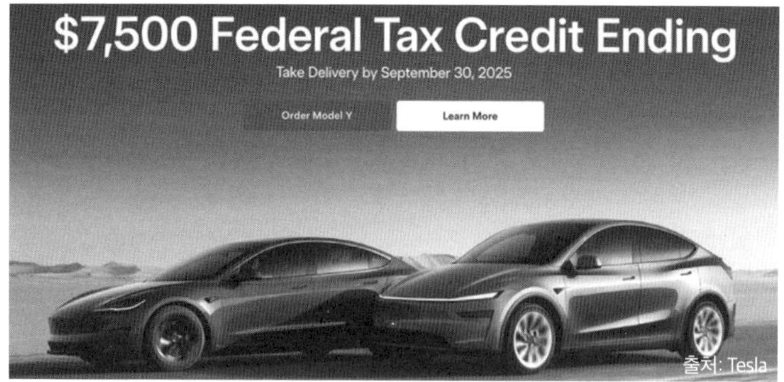

전기차 시장 규모는 여기까지일까? 과거와 비교해 전기차 시장 성장세는 주춤할 것이다. 그러나 전기차로의 전환은 변하지 않는 진리다.

전기차는 자동차 산업을 넘어 친환경 관점에서 의미가 크다. 내연기관 차량이 배출하는 유해 물질은 대기오염의 주범이며, 그중 가장 많이 배출되는 이산화탄소는 지구온난화의 주요 원인이다. 물론 전기차도 완벽한 친환경 자동차는 아니다. 전기차 배터리의 핵심 원자재인 니켈, 망간의 채굴과 가공 과정에서 이산화탄소가 배출된다. 하지만 현시점에서 전기차를 대체할 수 있는 친환경 자동차는 없다.

국제사회도 2050년까지 탄소중립(Net-Zero)을 달성하겠다고 선언했다. 지구 평균 온도 상승을 1.5°C 이하로 제한하는 파리협정 목표를 달성하기 위해서다. 미국 트럼프 대통령은 이에 강력히 반발하고 있다. 트럼프 대통령은 2017년 당선 시에도 파리기후변화협약을 탈퇴했다. 2021년 바이든 대통령이 재가입했다가 2025년에 트럼프 대통령 당선 후 다시 탈퇴했다. 미국은 행정부가 바뀔 때마다 가입과 탈퇴를 반복하고 있다. 미국 전기차 보조금 폐지도 영원하지는 않을 것이다.

자동차 기업들도 시장 상황에 따라 전동화 전략을 수정하고 있다. 하지만 전기차로의 전환을 전면 폐지할 수는 없다. 글로벌 자동차 기업들은 전기차 전환을 위한 조직과 인프라를 구축하고, 전기차 생산공장과 배터리 연구시설을 설립하고 있다. 대규모 투자를 통해 다가오는 전기차 시대를 준비하고 있다. 다시 내연기관 중심으로 전환하는 비효율적인 결정은 하지 않을 것이다.

SDV 경쟁력 강화를 위해서도 전기차는 필요하다. 전기차는 내연기관 차량 대비 소프트웨어 기술 개발이 용이하다. 테슬라와 중국 전기차 업체들이 소프트웨어 경쟁에서 앞서는 이유다. 기존 자동차 기업들도 전기차를 기반으로 소프트웨어 기술 개발을 강화하고 있다. 전기차를 포기하면 미래 자동차 경쟁에서 뒤처질 것이다.

중국은 전기차 전환에 성공해 이제는 자국 시장을 넘어 해외 진출을 확대하고 있다. 가격, 성능 등 뛰어난 제품 경쟁력을 갖춘 중국 전기차는 해외 시장에서 두각을 나타내고 있다. 중국 전기차의 성장으로 글로벌 전기차 경쟁은 치열해지고 있다.

중국 전기차와 경쟁하기 위해 글로벌 자동차 기업들도 전기차 개발에 총력을 다해야 한다. 내연기관 차량 개발에 집중하면, 중국과의 전기차 경쟁에서 승리할 수 없다.

본격적인 전기차 시대는 초기 예상보다 지연될 가능성이 크다. 전기차 정책 변화, 자동차 기업의 전동화 전략 수정, 전기차 가격에 따라 시장 변동성은 지속될 것이다. 하지만 전기차 시대는 온다. 지금은 전기차 시대의 부정론을 언급할 때가 아니다. 본격적인 전기차 시대로 가기 위한 준비가 필요한 시점이다.

중국 배터리 업체가 시장을 지배하고 있는 상황에서 국내 배터리 업체들은 어떻게 생존할 것인가? 여기에 대한 답을 찾아야 한다.

3

K-배터리, 글로벌 빅게임의 생존 전략

전기차 배터리 패권을 위한 글로벌 빅게임이 본격적으로 시작됐다. 국내 배터리 기업의 미래는 어떨까? 글로벌 시장점유율 30%가 넘는 CATL과 세계 1위 전기차 업체인 BYD가 있는 한 험난한 길이 펼쳐질 것이다. 그럼에도 포기할 수는 없다. 본격적인 전기차 시대가 오면 향후 전기차 배터리 시장은 엄청난 규모로 성장할 것이다. 이 매력적인 시장을 절대로 놓쳐서는 안 된다.

향후 전기차 배터리 산업에서 가장 큰 전환점은 무엇일까? 바로 자동차 기업이 전기차 배터리 내재화에 성공하는 시점이다. 여기에 대해 의문을 가지는 사람도 있을 것이다.

"배터리를 만든 적이 없는 자동차 기업이 어떻게 전기차 배터리를 만들 수 있을까? 혹여 만든다고 해도 배터리 업체보다 제품 경쟁력이 떨어지면 무슨 의미가 있겠는가?"라고 말이다.

틀린 말은 아니다. 전기차 배터리는 고도의 기술력과 대규모 자본이 필요한 산업이다. 원가, 성능, 품질 측면에서 자동차 기업이 단기간에 배터리 업체를 따라잡는 건 불가능하다. 하지만 미래 전기차 경쟁에서 승리하기 위해서 배터리 내재화는 필수다.

전기차 성능을 좌우하는 배터리를 자체 개발하지 못하면 배터리 업체에 대한 의존도가 높아질 것이다. 배터리 내재화를 통해 차별화된 제품 경쟁력과 수익성을 확보해야 한다. BYD가 이미 그 답을 제시했다.

자동차 기업의 배터리 내재화 목적

전기차 기술 혁신	자체 전기차 플랫폼에 최적화된 배터리 개발을 통한 차량 성능 극대화
공급망 안정성 확보	배터리 업체에 대한 의존도를 줄이고 안정적인 배터리 공급 체계 구축
원가 절감	전기차 핵심 부품인 배터리 내재화를 통해 가격 경쟁력 제고

자동차 기업이 배터리 내재화를 추진하는 시점은 언제일까? 기업마다 차이는 있겠지만, 신차 판매 비중에서 전기차가 내연기관 차량보다 높아지는 시기일 것이다. 본격적인 전기차 시대가 시작되는 시점이다. 2035년에는 자동차 기업이 자체 개발한 배터리를 탑재한 전기차를 볼 수 있을 것이다. 물론 정확한 시점은 친환경 정부 정책, 전기차 수요, 배터리 기술 개발 등에 따라 지속해서 변경될 것이다. 자동차 기업들도 시장 변화에 선제적으로 대응하기 위해 배터리 내재화 로드맵을 보완해야 한다.

전기차 시대를 주도하는 건 자동차 기업이다. 배터리 업체는 자동차 기업의 전동화 전략을 분석하면서 선제적으로 대응해야 한다. 핵심축은 '배터리 내재화'다. 배터리 내재화 전후를 기준으로 단기 및 중장기 사업 전략을 수립해야 한다.

⚠️

자동차 기업의 배터리 내재화 전

전기차 수요 둔화, 중국 업체의 시장 장악, 친환경 정책 완화까지 국내 배터리 업체는 창사 이래 최대 위기 상황에 직면했다. 당분간 이런 상황은 지속될 것이다. 불확실한 시장 상황에서는 사업 건전성을 높이면서 미래를 위한 준비가 필요하다. 지금의 위기를 극복해야 글로벌 톱티어 기업으로 도약할 수 있다.

지금의 시장 상황을 타개하기 위해서는 실행력 기반의 단기적인 대응 전략을 수립해야 한다. 원가 절감, 기술 혁신, 차세대 배터리 개발도 중요하지만, 이는 중장기 관점에서 성과를 낼 수 있는 영역이다. 국내 배터리 업체에 시간은 많지 않다. 눈앞에 놓인 위기 상황은 외면하고 중장기 비전과 전략만 제시하는 기업은 미래가 없다. 시장에서의 생존 전략이 우선이다. 전기차 메인 시장인 미국과 유럽에 대한 차별화 전략부터 수립해야 할 것이다.

미국은 2022년 시행된 인플레이션 감축법(IRA, Inflation Reduction Act)으

로 미국 내에서 생산된 배터리와 우방국 핵심 광물을 사용한 배터리에만 전기차 보조금을 지급하고 있다. 2025년부터는 중국을 포함한 우려 국가 (FFE, Feared Foreign Entity)에서 제조된 배터리나 부품을 사용한 자동차는 보조금 대상에서 제외하고 있다. 즉, CATL이 만든 배터리를 탑재한 자동차는 미국에서 보조금을 받을 수 없다. 미국 우선주의와 반중국 정책에서 비롯된 결과다. 또한, 트럼프 행정부의 정책 변화로 전기차 보조금은 폐지되었다.

국내 배터리 업체에게 미국은 기회의 땅일까? 미국은 중국 다음으로 큰 자동차 시장이자, 중국 업체가 진출하지 못하는 나라다. 하지만 전기차 보조금 폐지로 향후 전기차 수요는 급감할 것이다. 현재 미국은 매력적인 시장이 아니다. 그렇다고 포기할 수는 없다. 정부 정책에 따라 미국 전기차 시장은 다시 급성장할 수 있다.

미국 시장에 대해서는 장기적인 관점의 대응 전략을 수립해야 한다. 자동차 기업들도 당장 전기차 판매를 중단할 수는 없다. 국내 배터리 업체는 미국에 독자적인 배터리 인프라를 구축해야 한다. 자동차 기업들의 전동화 전략에 맞춰 생산 라인을 구축해 미래를 대비해야 한다.

최근 국내 배터리 업체들은 ESS 사업 비중을 확대하고 있다. 전기차 시장의 불확실성이 커지자, 신규 수익원 확보를 위해 ESS 사업을 대안으로 선택한 것이다.

ESS 시장은 AI 데이터 센터 증설, 신재생 에너지 보급 확대, 정부 지원 정책 등으로 지속 성장할 것이다. 이에 LG에너지솔루션은 2025년 7월, 테슬라와 약 6조 원 규모의 ESS 계약을 체결했다. ESS 단일 계약으로 역대 최대 규모이자, 2024년 매출의 23.3%에 달하는 규모다. 시장조사 기관 블룸버그NEF에 따르면, 미국 ESS 시장은 2023년 51GWh에서 2030년 485GWh로, 2035년에는 976GWh 규모로 성장할 것이라 전망했다.

미국 시장에서 ESS로의 사업 전환은 최선의 결정이다. 전기차 시장이 주춤할 때 ESS 공급을 통해 공장 가동률을 확보할 수 있다. 단기적인 손실을 최소화하면서 미래를 대비하는 것이다. 미국 전기차 시장이 성장세로 돌아설 때, 미국 생산 인프라를 보유한 기업만이 기회를 잡을 수 있다. 물론 공격적인 투자는 신중해야 한다. 무리한 사업 투자는 걷잡을 수 없는 손실로 돌아온다. 미국 전기차 정책과 자동차 기업들의 전동화 목표에 맞춰 사업 운영을 최적화해야 한다.

유럽 시장의 상황은 미국과 다르다. 2023년까지만 해도 국내 배터리 업체들이 유럽 시장을 장악하고 있었다. LG에너지솔루션, SK온, 삼성SDI 합산 점유율은 60%에 달했다. 하지만 2024년부터 상황이 달라졌다. CATL이 시장점유율 38%를 달성하면서 유럽 1위 기업으로 올라섰다. CATL은 헝가리와 독일에 배터리 공장을 운영 중이며, 추가 공장 설립도 추진 중이다. 유럽 시장에서 CATL의 독주는 지속될 것이다.

BYD는 유럽에 배터리 생산공장은 없지만, 전기차 생산공장을 건설 중이다. 유럽에서 BYD의 시장점유율이 높아지면 현지 배터리 생산공장 구축도 반드시 추진할 것이다. 하지만 국내 배터리 업체에도 기회는 있다. 자동차 부품 산업에 대한 이해를 바탕으로 대응 방안을 수립해야 한다.

CATL 독일 튀링겐주 배터리 공장

|출처: CATL|

자동차 기업이 부품 공급 구조에서 가장 피하고 싶은 상황은 무엇일까? 바로 공급업체 일원화다. 자동차 기업은 부품 업체와의 관계에서 항상 우위를 점해야 한다. 원가 절감, 부품 공급 안정화, 기술 개발, 품질 강화를 위해 자동차 기업은 일반적인 구매자를 넘어서는 권한을 행사하고 있다.

배터리 공급망 관리도 마찬가지다. CATL의 제품 경쟁력이 아무리 우수해도 국내 자동차 기업들이 CATL로 공급업체를 일원화하지는 않을 것이다. CATL로 공급업체를 일원화하면 전기차 원가 절감, 안정적인 공급망 확보 관점에서 유리할 수 있다. 하지만 CATL에 대한 의존도가 높아지면 가격 협상, 계약 조건, 기술 협력 등에서 주도권을 잃게 되는 심각한 문제가 발생하게 된다. 관계가 역전되어 부품 업체가 협상의 우위에 서는 걸 원하는 자동차 기업은 없다.

　자동차 기업은 공급업체 다각화 측면에서 국내 배터리 업체를 선택할 수밖에 없다. 이 기회를 절대로 놓쳐서는 안 된다. 국내 배터리 업체는 자동차 기업과의 공급 관계 체결을 최우선 목표로 삼아야 한다. 수익성, 물량 등 정량적 지표보다 '고객 확보'라는 정성적 지표에 더 높은 비중을 둬야 한다. 공급 관계를 체결하면 향후 사업 확장에 유리한 위치를 선점할 수 있다.

　자동차 기업은 부품 업체와 장기적인 관계를 선호한다. 공급망 안정, 비용 절감, 품질 관리, 기술 협력 등에서 용이하기 때문이다. 유럽은 중국 다음으로 전기차 규모가 크다. 절대로 포기할 수 없는 시장이다. 자동차 기업과 장기적 관계 구축을 통해 성장해야 한다. 매출, 영업이익 등 당장의 실적에 치우쳐 잘못된 의사결정을 해서는 안 된다.

⚠️ 자동차 기업의 배터리 내재화 후

　배터리 업체 관점에서 자동차 기업의 배터리 내재화는 달갑지 않은 일이다. 주요 고객사인 자동차 기업이 이탈하면 배터리 업체의 성장과 수익에 악영향이 따른다. 하지만 부정적으로만 볼 필요는 없다. 전기차 시장 규모가 커지면 배터리 수요도 증가할 것이다. 배터리 내재화도 토요타, 폭스바겐그룹, 현대자동차그룹과 같은 톱티어 기업들만 가능한 일이다.

전기차 배터리 내재화는 막대한 투자가 필요하다. 중장기 관점에서 자동차 기업들은 손실을 감수하고 내재화를 추진해야 한다. 그러나 이는 안정적인 사업 구조를 구축한 기업만이 가능한 일이다. 당장의 실적 개선이 필요한 자동차 기업들은 배터리 내재화를 추진할 수 없다.

배터리 업체에 있어 굉장히 중요한 시점이다. 시장 주도권을 잡고 다시 한번 급성장할 수 있는 마지막 기회다. 이를 위해 배터리 업체는 타깃 기업 선정과 전략적 파트너십 구축을 선행해야 한다. 그렇다면 어떤 자동차 기업과 협력해야 할까? 글로벌 판매 대수, 전기차 점유율, 매출과 영업이익 등 많은 요인을 검토해야 하지만, 가장 중요한 선정 기준은 전기차 생산 대수와 배터리 내재화 여부다.

우선, 전기차 생산 대수가 많은 자동차 기업이어야 한다. 그래야 배터리 탑재량이 늘어난다. 프리미엄 브랜드보다는 대중 브랜드에 집중해야 한다. 이익률이 떨어져도 상관없다. 자동차 기업들이 배터리 내재화를 추진하는 시점부터는 영업이익이 아닌 규모에 집중해야 한다. 본격적인 전기차 시대가 오면 배터리 업체는 규모의 경제를 달성할 수 있다.

배터리 내재화 여부도 중요하다. 사전에 배터리 내재화를 추진 중인 기업들을 선별해야 한다. 당연히 초기부터 이들 기업과 거래하지 않는 건 위험하다. 장기적 관점에서 공급 비중을 줄이는 게 바람직하다. 폭스바겐그룹, 현대자동차그룹이 매력적인 고객일까? 글로벌 전기차 선도 기업이지만 이들은 배터리 내재화에 반드시 성공할 것이다. 단기적인 수익성 확보도 중요하나 배터리 기술 지원 기업으로 전락해서는 안 된다.

　　10년, 20년 후에도 배터리 업체가 필요한 자동차 기업을 핵심 고객으로 확보하는 것이 중요하다. 배터리 내재화가 불가한 기업들이다. 이익률을 낮추더라도 많은 물량을 확보하면서 공급 관계를 이어가야 한다. 배터리 업체에 대한 의존도를 높이는 것이 핵심이다.

폭스바겐그룹 배터리 자회사 파워코 독일 공장

|출처: Volkswagen|

　　이때부터 자동차 기업과의 배터리 공장 합작법인(J/V)이 빛을 발하게 된다. 단순 공급 관계를 넘어 전략적 파트너십을 통한 상생 관계를 맺어야 한다. 독점적인 배터리 공급업체가 되면서 안정적인 물량과 매출을 확보할 수 있다.

　　쉬운 일은 아니다. 지금과 같은 어려운 상황에서 경영진들은 단기 매출에 집중하기 마련이다. 그러나 본격적인 전기차 시대는 아직 오지 않았다. 1~2년을 바라보며 사업을 해서는 안 된다. 눈앞의 성과에만 집중하는 경영진들로 인해 기업은 존폐의 기로에 설 수 있다. 지금은 기업의 미래 성장을 결정짓는 중요한 순간이다. 중장기 관점에서 방향을 제시하고 결단을 내릴 수 있는 최고경영진의 리더십이 필요하다.

현시점에서 전기차 배터리 외 사업 포트폴리오를 다각화하는 건 옳은 결정이다. 수익성과 성장 동력 확보 관점에서 ESS 사업 확장은 반드시 해야 한다. 다만, 업의 본질이 무엇인지 잊지 말아야 한다. ESS는 단기적인 대안이 될 수 있지만, 궁극적인 해결책은 아니다. 배터리 업체가 지금까지 성장할 수 있었던 건 전기차 배터리 사업이 있었기 때문이다.

전기차 시대는 온다. 어려운 시장 상황을 극복하고 자동차 기업의 전동화 전략에 민첩하게 대응해야 한다. 이런 업체만이 본격적인 전기차 시대에 초일류 기업으로 도약하게 될 것이다.

PART 6

자율주행 시대, AI가 지배하는 모빌리티 산업

CHINA
IMPACT

1

AI, 자율주행을 완성하다

2022년, 오픈AI가 개발한 생성형 AI 챗봇 '챗GPT'가 세상에 나왔다. 대화형 인터페이스, 광범위한 데이터 기반 응답, 무료 이용 등 사용자 편의성을 극대화한 챗GPT는 출시 두 달 만에 사용자 수 1억 명을 돌파했다. 2016년 이세돌 9단과 알파고의 대국 이후 잠잠했던 AI 산업을 다시 주목받게 했다. 이제 AI는 산업, 서비스, 공공 부문, 일상생활 등 모든 영역에 걸쳐 활용되고 있다.

글로벌 기업들도 AI 기술을 미래 경쟁력의 핵심 동력으로 삼고 있다. AI 관련 투자를 확대하고 적극적으로 AI 기술을 도입 중이다. 빅테크 기업들은 초거대 AI 모델을 활용해 개인화된 서비스를 개발하고 있다. 제조, 물류, 유통 분야는 AI 기반 자동화를 통해 생산성과 효율성을 높이고 있다. 금융, 헬스케어, 교육 부문은 AI 기술을 통해 정교화된 맞춤형 서비스를 제공하고 있다. 향후 AI 산업은 엄청난 규모로 성장할 것이다.

모빌리티 산업에서도 AI의 영향력은 점차 커지고 있다. AI는 모빌리티 산업의 핵심축인 자동차(자율주행), 제조(스마트 팩토리), 서비스 부문에서 혁신을 선도하고 있다. 그중 자동차 산업을 넘어 모빌리티 생태계를 재편할 자율주행은 AI를 통해서만 완성할 수 있다.

AI가 지향하는 자동차는 완벽한 이동 수단(하드웨어)이 아니라, 스스로 학습하고 판단하는 '이동 플랫폼', 바로 자율주행이다.

자율주행 기술은 기존 미국자동차공학회(SAE International) 기준에 따라 여섯 단계로 구분된다. 레벨 1~2는 자율주행 시스템이 운전자를 보조하는 역할이다. 시스템이 운전 주도권을 갖게 되는 건 레벨 3부터다. 레벨 3부터가 실질적인 자율주행이라 정의할 수 있다.

자율주행 기술 단계

단계	역할	제어 주체	비 고
Level 0	비자동화	운전자	운전자 항시 운행
Level 1	운전자 보조	운전자+시스템	시스템이 차간거리 조향 보조
Level 2	부분 자동화	운전자+시스템	특정 조건에서 시스템이 보조 주행
Level 3	조건부 자동화	시스템	특정 조건에서 자율주행 위험 시 운전자 개입
Level 4	고도 자동화	시스템	운전자 개입 불필요
Level 5	완전 자동화	시스템	운전자 불필요

현재 자율주행 기술 수준은 레벨 2다. 레벨 3부터는 고도화된 AI 기술 없이는 구현될 수 없다. 자율주행 기술의 핵심 요소는 인지(Perception), 판단(Decision Making), 제어(Control)다. 세 가지 프로세스가 완벽한 조화를 이룰 때 자율주행은 완성될 수 있다.

AI 기반 컴퓨터 비전과 센서 기술은 도로 위 보행자, 자동차, 신호등, 표지판 등을 정확하게 인식한다. AI는 인지한 데이터를 실시간으로 분석해 최적의 주행 경로를 설정한다. 돌발 상황 발생 시에 신속하고 정확하게 대응하는 것도 가능하다. 지속적인 학습과 딥러닝 모델을 통해 AI는 정교화된 판단 능력을 갖추게 된다. AI 기술을 통해 자동차는 환경 인식, 객체 탐지, 주행 판단에 대한 정확도를 높일 수 있다. 이를 통해 AI는 사람보다 뛰어난 주행 능력을 갖추게 된다. 자율주행 자동차의 궁극적인 목표다.

자율주행은 단순한 기술 혁신이 아니다. 모빌리티 산업의 규칙과 권력을 재정의하는 전략적 전환점이다. 자율주행 시대가 오면 지금과 다른 새로운 산업 체계가 만들어질 것이다.

모빌리티 산업의 중심축인 자동차 제조업은 플랫폼 산업으로 이동한다. 자동차 기업의 경쟁력은 하드웨어 성능에서 소프트웨어 기술력과 모빌리티 서비스 고도화로 전환된다. 자동차 기업의 수익 구조는 단순 차량 판매에 국한되지 않는다. 구독 모델, 로보택시 운영 등 서비스 기반으로 수익 구조가 변화한다. 자동차 기업의 본질이 하드웨어 제조사에서 AI 기반 모빌리티 서비스 기업으로 전환되는 것이다.

자동차 기업의 핵심 역량은 데이터를 축적하고 활용하는 능력과 AI 기술력이 된다. 더 많은 데이터(주행·사용자)를 확보하고 고도화된 AI 기술을 적용하는 것이 중요하다. AI 기술은 데이터를 통해 고도화된다. 자동차 산업의 패권은 생산 규모가 아닌 데이터 규모와 알고리즘으로 결정될 것이다.

AI는 모빌리티 산업의 전통적 가치사슬을 재편한다. 자동차 기업 중심에서 빅테크·반도체 기업들의 영향력이 커진다. 소프트웨어와 AI 기업들이 부상하고 기존 내연기관 중심의 부품 업체들의 비중은 축소된다.

자율주행을 기반으로 한 다양한 서비스도 만들어진다. 운전에 대한 자유를 얻은 사람들에게 자동차의 공간적 개념은 확장된다. 차량 내에서 이용할 수 있는 콘텐츠들은 확대되고 모바일 공간 기능은 강화된다. 로보택시, 무인 물류 등 모빌리티 서비스는 개인화된 서비스로 진화한다.

현대트랜시스가 제시한 모듈러 시트

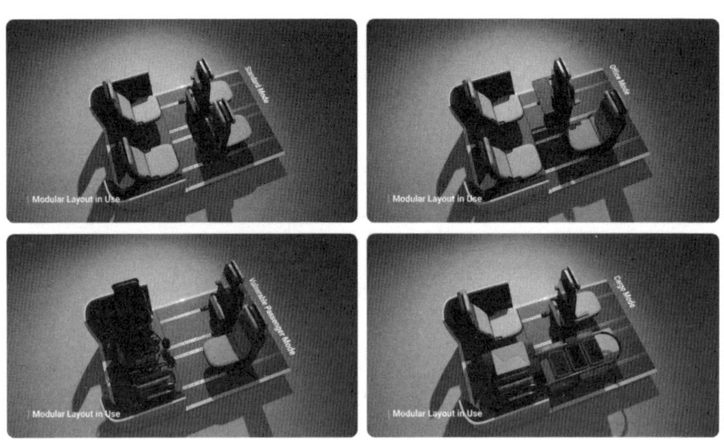

|출처: 현대자동차그룹|

2

글로벌 자동차 기업들의 자율주행 전략

자율주행 경쟁에서 뒤처진 자동차 기업은 산업 주도권을 잃게 된다. 빅테크·플랫폼 기업이 AI와 데이터를 지배하면 자동차 기업은 단순 조립 업체로 전락할 수도 있다. 소프트웨어 기업에 의존하면 수익성은 감소하고 성장성도 불투명해진다. 결국, 브랜드는 사라지고 빅테크·플랫폼 기업에 종속된 하드웨어 제조사로 남을 수 있다. 이를 잘 알고 있는 글로벌 자동차 기업들도 자율주행 기술 개발에 총력을 다하고 있다.

자율주행 선도 기업은 단연 테슬라다. 자율주행의 시작점인 오토파일럿, FSD 기능을 선보이며 독보적인 기술 리더십을 유지하고 있다. 2025년 11월, 테슬라는 오토파일럿 시스템의 누적 주행거리가 100억 km를 돌파했다고 발표했다. 지속적인 학습과 데이터 축적을 통해 자율주행 기술은 고도화될 수 있다. 누적 주행거리 100억 km 달성은 테슬라의 자율주행 기술 발전에 중요한 이정표가 될 것이다.

2025년 11월, 테슬라는 국내 공식 계정에 "FSD 감독형 Next Destination: Korea"라는 문구를 올리며 FSD 감독형 서비스 출시를 발표했다. FSD 감독형은 자율주행 기능을 이용할 수 있지만, 운전자가 핸들을 잡고 전방을 주시해야 하는 조건이 붙는다. 이제 한국은 미국, 캐나다, 중국, 멕시코, 호주, 뉴질랜드에 이어 전 세계 일곱 번째로 FSD 기능을 이용할 수 있는 국가가 됐다.

FSD 감독형

|출처: Tesla Korea X|

테슬라는 자동차 기업 최초로 로보택시 상용화를 추진 중이다. 로보택시는 완전 자율주행 기반의 택시 서비스로, 운전자 없이 고객 스스로 차량을 호출하고 승하차할 수 있는 서비스다. 2016년, 일론 머스크가 차량 공유

서비스 구상을 발표하며 처음 언급된 개념이기도 하다.

테슬라는 2024년, 로보택시 전용 모델인 사이버캡(Cybercab) 프로토타입을 공개한 뒤 2025년 6월, 미국 텍사스주 오스틴에서 모델 Y를 활용한 로보택시 시범 서비스를 시작했다. 당시에는 시스템을 감독하고 필요할 때 대응할 수 있는 사람(Human Safety Monitor)이 탑승했었다. 그러나 2025년 12월, 사람이 탑승하지 않는 완전 자율주행 모드의 시범 운행이 진행 중임을 공개하며, 테슬라의 앞선 자율주행 기술력을 입증했다.

로보택시

|출처: Tesla|

토요타, 폭스바겐그룹, 현대자동차그룹 등 기존 자동차 기업들도 독자적인 자율주행 전략을 추진 중이다.

토요타는 현재 레벨 2의 자율주행 기술을 제공하고 있다. 2021년부터

ADAS(Advanced Driver Assistance System, 첨단운전자보조시스템)를 기반으로 한 '어드밴스드 드라이브(Advanced Drive)' 시스템을 적용했다. 차로 유지 보조(LTA, Lane Tracing Assist), 차간거리 유지 주행(ACC, Adaptive Cruise Control) 등이 대표적인 기능이다. 2025년 9월에는 다목적 모빌리티 차량인 'e-팔레트(e-Palette)'를 출시했다. 일부 지역을 대상으로 한 자율주행 실증 사업용으로 활용될 계획이다.

토요타 'e-팔레트'

|출처: Toyota global|

전략적 협업도 추진 중이다. 토요타는 2025년, 구글 산하의 자율주행 선도 기업인 웨이모(Waymo)와 파트너십을 체결했다. 양사는 자율주행 차량 플랫폼을 공동 개발할 계획이다. 토요타의 자동차 제조 전문성과 웨이모의 자율주행 기술력을 결합해 자율주행 차량 개발을 가속화할 전망이다. 웨이모는 글로벌 자율주행 선도 기업으로 미국에서 이미 로보택시 상용 서비스를 제공하고 있다. 토요타 외에도 현대자동차, 스텔란티스 등 글로벌 기업들과도 협력하고 있다.

토요타는 자율주행 자동차를 넘어 미래 모빌리티 도시를 준비하고 있다. 바로 '우븐 시티(Woven City)'다. '엮다'라는 뜻의 Woven은 자동 방직기 회사로 시작한 토요타의 정체성을 상징하며, 도로, 인프라, 사람, 기술이 유기적으로 연결된 미래 도시라는 의미를 담고 있다. 이에 따라 우븐 시티는 AI, 자율주행, 로보틱스, 스마트홈, UAM 등 미래 기술을 실험하는 토요타의 '살아 있는 연구실' 역할을 하게 된다.

2020년 CES에서 토요타는 우븐 시티 건설 계획을 발표했다. 2021년 2월에 착공해 2024년 10월에 1공구가 준공되었다. 1공구에는 주거동과 연구시설을 포함해 총 14개 동이 들어섰고, 2025년 가을에 토요타와 자회사 우븐 바이 토요타 직원 100명이 입주했다. 향후 약 2,000명이 거주할 수 있는 도시 공간으로 확대될 예정이다.

우븐 시티는 도시 전체가 모빌리티 시험대로, 지상에 세 가지 도로 유형이 교차하도록 설계되었다. 첫 번째 도로는 자율주행 자동차 전용이다. e-팔레트 등 토요타가 만든 자율주행 자동차를 위한 도로다. 두 번째 도로는 개인용 이동 수단과 보행자가 함께 이용한다. 전동 자전거, 킥보드 등의 마이크로 모빌리티와 보행자가 공존하는 공간이다. 마지막 도로는 보행자 전용이다. 공원 산책로가 조성된 이 공간에서 사람들은 편안하게 이동할 수 있다.

지상 면적의 절반을 차지하는 지하 공간에는 총 400m에 달하는 순환로가 구축되어 있다. 이 순환로는 모든 건물과 연결되어 도시의 물류망 역할을 한다. 자율주행 물류 로봇을 배치해 각종 배송과 쓰레기 수거 등의 서비스를 제공한다. 사람과의 충돌 우려도 없고 날씨 영향도 받지 않는 최상의 환경에서 자율주행 로봇을 테스트할 수 있다.

토요타 '우븐 시티'

|출처: Toyota global|

자동차 기업들이 자율주행 자동차에 집중하는 동안, 토요타는 도시로 확장된 미래 비전을 제시했다. 자율주행 시대가 오면 도시 구조와 인프라는 바뀔 수밖에 없다. 우븐 시티에서 진행 중인 미래 실증 사업은 토요타가 자동차 기업을 넘어 모빌리티 솔루션 기업으로 도약하는 데 중요한 기반이 될 것이다.

폭스바겐그룹은 2025년 12월, 레벨 5의 자율주행 테스트를 진행 중이라 밝혔다. 사람의 개입이 불필요한 자율주행 단계에서의 고객 경험을 분석하는 연구로, 테스트 차량인 'Gen.Urban1'에는 운전대가 없다. Gen.

Urban1은 독일 볼프스부르크 내 약 10km의 시험 주행 경로에서 운행될 예정이다.

2025년 9월 폭스바겐그룹 자회사 모이아(MOIA)는 로보택시 양산형 모델인 'ID.버즈AD'를 공개했다. 모이아는 2016년에 설립된 자율주행과 모빌리티 서비스 담당 기업이다. ID.버즈AD에는 13개의 카메라와 9개의 라이다(LiDAR)를 포함한 27개의 첨단 센서와 장비가 장착되어 있어 주변 상황을 정확하게 인지하고 반응할 수 있다.

모이아 'ID.버즈AD'

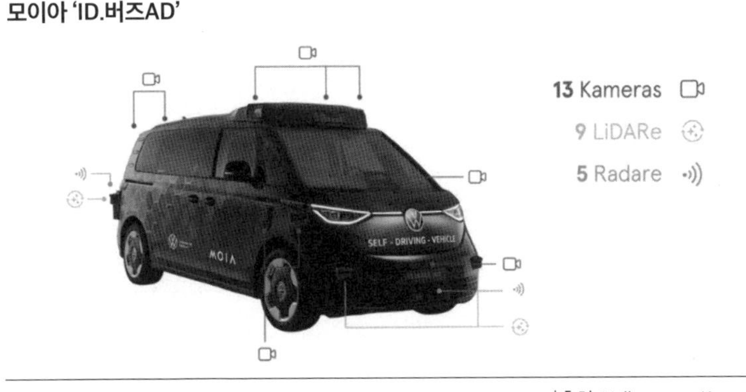

|출처: Volkswagen Korea|

현대자동차그룹은 2020년, 미국 전장 기술 업체인 앱티브(Aptiv)와 함께 자율주행 합작법인 모셔널(Motional)을 설립했다. 모셔널은 아이오닉 5를 기반으로 한 로보택시를 개발하고 있다. 2026년 CES에서 로보택시 핵심 기술 시연과 상용화 계획을 발표했다. 모셔널은 2026년 말 미국 라스베이거스에서 로보택시 서비스를 출시할 계획이다.

현대자동차그룹은 2022년 인수한 42dot을 중심으로 자율주행 내재화도 추진하고 있다. 42dot이 개발 중인 '아트리아AI(Atria AI)'는 8개의 카메라와 전방 레이더로 주변 환경을 인지하여 주행한다. 2025년 12월에는 아트리아 AI를 활용한 자율주행 시연 영상도 선보였다.

42dot이 공개한 자율주행 시연

|출처: 42dot 유튜브|

GM은 2025년 10월, 핸즈프리(Hands-free) 운전자 보조 시스템인 '슈퍼 크루즈(Super Cruise)' 국내 출시를 발표했다. 자율주행 레벨 2에 해당하는 기술로, 캐딜락 에스컬레이드 IQ 모델에 처음 적용되었다. 슈퍼 크루즈는 라이다 기반의 정밀 지도, 카메라, 레이더, GPS 등을 활용해 차로 유지, 속도 조절, 차로 변경 기능을 제공한다. 또한 운전자 모니터링 시스템(DMS, Driver Monitoring System)을 적용해 운전자의 전방 주시 상태를 확인해 필요시 시청

각적 경고와 차량 제어에 개입한다.

슈퍼 크루즈는 북미에서 누적 주행거리 약 8억 7,700만 km 이상을 달성하며 기술력을 검증했다. 향후 쉐보레와 캐딜락 등 자사 브랜드에 확대 적용할 계획이다.

GM '에스컬레이드 IQ'

|출처: Cadillac Korea|

메르세데스-벤츠는 자사의 자율주행 시스템인 '드라이브 파일럿 (Drive Pilot)'으로 자동차 기업 중 최초로 레벨 3 자율주행 인증을 획득했다. KBA(독일연방 자동차운송국)의 승인을 받아 S-클래스와 EQS 차량에서 시속 95km까지 조건부 자율주행이 가능하다. 드라이브 파일럿은 카메라, 라이다 등 35개 이상의 센서를 장착했으며, 고정밀 지도와 위성 정보를 활용해 차량 위치를 정확하게 파악할 수 있다. 현재는 독일과 미국 내 일부 구간에서만 운행이 가능하다.

글로벌 자동차 기업들의 자율주행 기술 경쟁은 더욱 치열해지고 있다. 테슬라가 앞서가고 있지만, 글로벌 자동차 기업들의 공세도 만만치 않다. 문제는 중국이다. 자동차 강국으로 올라선 중국도 자율주행 부문에서 차별화된 경쟁력을 선보이고 있다.

3

중국의 AI 경쟁력, 자율주행 시대를 선도하다

2025년 1월 27일, 글로벌 AI 시장에 충격적인 사건이 발생했다. AI 핵심 기업 엔비디아의 주가가 17%나 폭락하면서 하루 만에 시가총액 약 5,900억 달러 이상이 감소했다. 단일 기업 기준 미국 주식시장 역사상 최악의 기록이었다. 유럽 ASML, 일본 소프트뱅크그룹 등 전 세계 기술주도 폭락을 피하지 못했다.

원인은 중국 AI 스타트업 딥시크(DeepSeek)가 공개한 생성형 AI 모델 'R1'이었다. R1은 저렴한 비용으로 경쟁 모델을 상회하는 성능을 보여주었다. 개발 비용은 오픈AI의 챗GPT와 메타의 라마(Llama) 대비 5% 수준에 불과했다.

R1은 기존 엔비디아의 고성능 GPU 없이 강화 학습과 추론 최적화 기술을 결합해 수학, 코딩 등 복잡한 영역에서 GPT-4 수준의 성능을 보여주었다. 여기에 오픈 소스 방식이라 누구나 무제한으로 사용하고 수정할 수 있었다.

물론 중국 기업의 리스크인 정치적 이슈와 개발 비용 불확실성, 보안 문제로 R1의 사용은 많은 국가에서 금지되고 있다. 특히 보안과 개인정보 보호 문제로 글로벌 시장에서의 영향력은 제한될 것이다. 하지만 딥시크가 보여준 저비용 고성능 AI 모델은 글로벌 AI 업계에 큰 파장을 일으켰다. 중국은 자국의 AI 기술력이 세계적 반열에 올랐음을 증명했다. 중국 정부의 강력한 지원, 대규모 데이터 확보, AI 인재 양성을 통해 중국은 AI 강대국으로 올라섰다.

자율주행 분야에서도 중국은 공격적 행보를 이어가고 있다. 2025년 중국 정부는 '에너지 절약 및 신에너지 자동차 기술 로드맵 3.0'을 발표하며, 2035년까지 승용차 판매에서 레벨 3 자율주행 차량 비중을 70% 이상으로 높이기로 했다. 로드맵에는 2040년에 레벨 4 자율주행 차량 비중을 높이고, 레벨 5 상용화도 추진할 계획이 포함되어 있다. 전기차, 하이브리드차, 수소차 비율은 80% 이상으로 책정되어 있다. 전기차에 이어 자율주행 분야에서도 글로벌 경쟁력을 확보하겠다는 국가 차원의 전략이다.

중국은 강력한 정책 지원과 빅테크 기업과의 협업을 통해 자율주행 상용화를 앞당기고 있다. 2025년 12월, 중국 정부는 레벨 3 자율주행 자동차의 상용화를 공식 승인했다. 대상 모델은 창안자동차와 베이징자동차 산하 전기차 브랜드인 아크폭스(Arcfox)다. 물론 주행 구역과 속도에 제한을 둔 조건부 승인이다. 창안자동차는 충칭 지역, 아크폭스는 베이징 내 고속도로와 도시 간선 도로 단일 차로 주행만 가능하다. 창안자동차의 최고 시속은

50km, 아크폭스는 80km다. 이번 승인은 자율주행 기술 검증을 위한 테스트 목적이 아니다. 본격적인 자율주행 시대로 가기 위한 시작점이라 할 수 있다.

이 외 많은 중국 자동차 업체가 자율주행 기술 개발에 총력을 다하고 있다. BYD는 레벨 2 수준의 자율주행 시스템인 '천신지안(天神之眼, 신의 눈)'을 운영하고 있다. 천신지안은 카메라, 레이더, 초음파 센서, 라이다를 조합한 멀티 센서 방식이다. 고속도로 및 도심 주행 보조와 원격·자동 주차 기능이 탑재된 ADAS 플랫폼이다. BYD는 2025년 2월, 자율주행 기술 개발을 위해 딥시크와의 협업을 발표했다. 왕촨푸 BYD 회장은 향후 출시하는 모든 차종에 딥시크 기반 시스템인 천신지안을 탑재하겠다고 밝혔다. 기존 20만 위안(약 4,000만 원) 이상 고가 모델에만 적용한 자율주행 기능을 7만 위안(약 1,400만 원)의 저가 모델인 시걸에도 탑재할 예정이다.

BYD는 해외 자율주행 실증 사업에도 공격적으로 참여하고 있다. 2025년 10월, LTA(싱가포르 육상교통청)는 현지 자율주행 버스 프로젝트 사업자로 BYD-MOGO 컨소시엄을 선정했다. MOGO는 중국의 자율주행 스타트업으로, BYD-MOGO 컨소시엄은 싱가포르 최초로 레벨 4 자율주행 기술을 대중교통 시스템에 통합하는 실증 프로젝트에 참여한다. 자율주행 버스 6대 공급, 관제 시스템 구축, 원격 주행 시스템 개발 등 자율주행 인프라 구축 과제를 수행할 예정이다. 전기차 세계 1위 기업인 BYD가 자율주행 분야에서도 글로벌 경쟁력을 갖춘다면 어떻게 될까? 세계 자동차 시장은 다시 한번 커다란 충격을 겪게 될 것이다.

|출처: BYD|

중국의 테슬라로 불리는 샤오펑의 자율주행 시스템은 'XNGP(Xpeng Navigation Guided Pilot)'다. XNGP는 레벨 2 수준의 내비게이션 기반 자율주행 시스템으로, 내비게이션이 지원되는 중국 전역의 도심과 고속도로에서 이용할 수 있다. 2024년 5월부터 고정밀 지도가 필요 없는 맵리스(Mapless) 방식을 도입했다. 카메라, 센서, 라이다를 활용하여 신호등 인식, 교차로 등 복잡한 도시 환경에 대응할 수 있다. 테슬라와 유사하게 센서 입력부터 차량 제어까지 전 과정을 AI로 처리하는 '엔드 투 엔드(End-to-End)' 머신러닝 방식을 도입하고 있다.

2025년 11월, 샤오펑 CEO 허샤오펑은 차세대 VLA(Vision-Language-Action) 자율주행 시스템을 발표하고, 전 세계 자동차 제조사에 개방했다. 샤오펑과의 기술 제휴에 가장 먼저 참여한 기업은 폭스바겐그룹이었다. 이를 통해 샤오펑은 자동차 제조사를 넘어 플랫폼 기업으로 도약하는 기반을 구축했다.

샤오펑 'XNGP'

|출처: Autonomous Vehicle International|

중국은 빅테크 기업을 중심으로 로보택시 분야에서도 글로벌 경쟁력을 강화하고 있다.

바이두는 자율주행 로보택시 서비스 '아폴로 고(Apollo Go)'를 운영하고 있다. 아폴로 고는 스마트폰 앱으로 로보택시를 호출하여 이용하는 서비스다. 현재 베이징, 우한, 충칭 등 중국 내 주요 도시에서 제공되고 있으며 런던, 스위스, 아랍에미리트 등으로 해외 시장 진출도 확대하고 있다. 바이두는 2025년 8월 기준 누적 1,400만 회 이상의 로보택시 운행을 달성하며 웨이모를 바짝 추격하고 있다. 중국 정부의 강력한 지원 정책과 시범 운행 데

이터 확보를 통해 웨이모를 위협하는 자율주행 선도 기업으로 급성장 중

이다.

바이두 '아폴로 고'

|출처: apollogo|

포니닷AI(Pony.AI)는 레벨 4 자율주행 로보택시와 로보트럭 서비스 업체다. 자동차 기업과 협력해 차량 플랫폼에 자율주행 시스템을 통합한 상용 로보택시를 운영하고 있다. 2018년 광저우에서 중국 최초로 로보택시 서비스를 상용화했다. 베이징, 상하이, 선전 등 주요 도시에서 상용 허가를 획득하고 미국, 중동 등 해외 진출도 준비하고 있다. 2025년까지 1,000대의 차량 운영을 목표로 서비스를 확장 중이다.

포니닷AI는 글로벌 자동차 기업과의 협업도 추진하고 있다. 2020년 토요타로부터 약 4억 달러를 투자받아 토요타 차량 플랫폼에 자율주행 시

스템을 결합한 로보택시를 공동 개발하고 있다. 광저우자동차그룹의 전기차 브랜드 아이온(Aion)과 광저우, 선전 등 주요 도시에서 레벨 4 로보택시 운행을 준비하고 있다.

포니닷AI 로보택시와 로보트럭

|출처: pony.ai|

중국은 자율주행 상용화를 위해 '정부의 적극적인 지원 → 실증 사업 확대 → 대규모 데이터 확보'라는 선순환 구조를 구축했다. 중국이 자율주행 분야에서 빠르게 성장할 수 있었던 핵심 원동력이라 할 수 있다.

중국 자동차 기업과 빅테크 기업의 자율주행 기술력은 날로 정교해지고 있다. 이제는 자율주행 패권을 두고 미국과 경쟁 중이다. 미국이 기술력에서는 우위지만, 산업 영향력 측면에서는 중국이 앞선다. 물론 자율주행 경쟁은 아직 끝나지 않았다. 우리는 미국과 중국 사이에서 생존할 수 있는, 자율주행 시대에서 지속 성장하기 위한 전략을 수립해야만 한다.

4

자율주행 전략, 핵심은 고객 경험이다

자율주행의 절대적인 전제 조건은 안전성이다. 자율주행이 만들어진 목적은 편의성 제공보다는 '사람보다 안전한 운행' 구현에 있다. 자율주행 시스템 문제로 사고가 발생하면 어떻게 될까? 자율주행에 대한 사람들의 불신이 커지고 상용화에 대한 규제도 재검토될 것이다. 특히 인명 사고가 발생하면 자율주행에 대한 사회적 수용도는 급격히 감소할 것이다. 그렇기에 자동차 기업과 자율주행 업체는 완성도가 높은 자율주행 시스템 구축을 위해 총력을 다하고 있다.

반면 중국은 자율주행 분야에서 상대적으로 안전보다 속도를 중요시하고 있다. 빠른 시장 도입을 위해 데이터와 사업 역량을 확보한 뒤 기술적 완성도를 높이는 것이다. 전기차, 배터리, UAM 사업을 추진했던 방식과 비슷하다. 중국은 이런 방법으로 신사업 부문에서 빠르게 성장해왔다. 우리는 이런 중국의 속도와 실행력에 주목해야 한다.

안전이 중요하지 않다는 게 아니다. 사람들에게 제공할 수 있는 수준의 안전성은 반드시 확보해야 한다. 다만 자율주행의 진정한 완성은 기술력 증명이 아니라 사람들의 일상을 어떻게 바꿀 수 있는지를 보여주는 것이다. 아무리 뛰어난 기술도 실험실 안에만 있다면 가치가 없다. 기술은 도구일 뿐, 언제나 가장 중심에 있어야 하는 건 사람이다. 경쟁사보다 안전하고 빠르게 자율주행 경험을 제공해야 한다. 이를 위한 전략적 방향성을 명확히 해야 한다.

⚠️ 자율주행은 도로 위에서 완성된다

자율주행 기술에 정답이 있을까? 여기에 대한 답을 아는 사람은 없을 것이다. 글로벌 기업들도 각자의 방식으로 자율주행을 구현하고 있다. 자율주행의 핵심 기능 중 하나는 주변 환경을 인식하는 능력이다. 그리고 이를 구현하는 부품은 '라이다, 카메라, 레이더'이다.

구분	라이다	카메라	레이더
방식	레이저(빛) 기반 물체 거리 측정	영상 기반 시각 정보 인지	전파 기반 물체 거리 측정
장점	형태 인식 가능 / 정밀도 높음	가격 경쟁력 우수 / 물체 구분 가능	물체와의 거리 측정 가능 / 날씨 영향 미미
단점	높은 가격	물체 거리 측정 미흡 / 날씨 등 주행 환경에 따른 제약	정밀한 이미지 인지 부족 / 작은 물체 식별 미흡

테슬라는 카메라 기반 '비전 온리(vision only)' 접근법을 고수하고 있다.

이전부터 일론 머스크는 자율주행에 라이다는 적합하지 않다고 언급했다. 사람이 운전할 때 레이저를 쏘지 않는 것처럼 자율주행 자동차는 카메라(비전)를 통해 상황을 인지하고 학습해야 한다고 주장했다. 카메라 방식은 라이다나 정밀 지도 없이도 작동하고 가격도 상대적으로 저렴하다. 이를 통해 테슬라는 자사 자율주행 시스템인 FSD를 빠르게 확산시켰다.

하지만 최근 테슬라 방식에 대한 우려의 목소리가 커지고 있다. 카메라 방식은 주행 환경에 영향을 많이 받는다. 날씨가 안 좋거나 야간에는 안전성이 떨어질 수 있다. 실제 테슬라 FSD에는 8개의 카메라가 사용되는데, 웨이모가 카메라를 포함해 약 40개의 센서를 활용하는 것과 대조적이다. 토요타, GM 등 글로벌 자동차 기업들도 라이다, 레이더, 카메라를 활용한 멀티 센서 방식을 도입하고 있다. 게다가 기술이 발전하면서 라이다 가격이 인하되고 있어, 테슬라 방식에 대한 비판은 커지고 있다.

카메라 방식의 테슬라 FSD

|출처: Tesla|

멀티 센서 방식이 카메라 방식보다 안정성 측면에서 우수한 건 확실하다. 그러나 테슬라는 카메라 방식을 채택해 저비용으로 활용성을 극대화했다. FSD는 일반 도로를 포함한 모든 주행 환경에서 작동한다. 복잡한 시내 환경에도 대응할 수 있어 경쟁사 대비 활용도가 높다. 물론 기술적 문제는 존재할 수 있다. 테슬라는 자율주행 데이터를 분석하고 오류를 수정해 시스템을 개선하고 있다. 이런 시행착오를 통해 기술은 정교해질 수 있다. 향후 라이다를 채택한 방식으로 전환할 수도 있다.

카메라 방식이 옳다는 게 아니다. 주목해야 할 부분은 테슬라의 자율주행 상용화 전략이다. 이론과 테스트만으로 자율주행을 완성할 수 없다. 자율주행 기술 전략을 수립한 후 실증과 상용화에 속도를 내야 한다. 100% 안전한 자율주행은 존재하지 않는다. 끊임없는 테스트와 개선을 통해 점진적으로 기술력을 높여야 한다. 자율주행 실증 사업에 적극적으로 참여하고, 공격적으로 기술을 도입해야 한다.

물론 인명 피해 리스크는 반드시 막아야 한다. 공격적인 기술 도입은 추진하되 홍보는 보수적으로 접근해야 할 필요가 있다. 자율주행의 승패는 단기간에 결정되지 않는다. 장기적인 관점에서 기술력을 확보하고 준비가 된 시점에 화려하게 발표하면 된다. 자율주행은 도로 위에서 완성된다는 점을 명심해야 한다.

⚠

자율주행, 내재화인가 외부 협력인가?

자율주행 초기 단계라면 외부 업체와의 협력이 효율적일 수 있다. 하지만 지금은 레벨 2를 지나 레벨 3로 가는 중요한 시점이다. 자율주행 경쟁에서 승리하기 위해 핵심 기술 내재화는 선택이 아닌 필수다.

현재 대다수 글로벌 자동차 기업들은 기술 내재화와 외부 협력을 병행하고 있다. 핵심 기술은 자체 개발하고 자율주행 선도 기업들과 전략적 파트너십을 맺어 역량을 강화하는 전략이다.

구분	토요타	폭스바겐그룹	현대자동차그룹
내재화	우븐 바이 토요타	카리아드	포디투닷
외부 협력	웨이모	호라이즌 로보틱스	웨이모
합작 법인		카리존 (카리아드 / 호라이즌)	모셔널 (현대자동차 / 앱티브)

독자적인 노선을 택한 기업도 있다. GM은 2016년, 자율주행 스타트업인 크루즈 오토메이션(Cruise Automation)을 인수했다. 자율주행 기술 개발과 로보택시 상용화가 목표였다. 하지만 보행자 사고 발생, 운행 중단 처분, 비용 증가 등의 문제가 연이어 발생하면서 2024년에 결국 로보택시 사업

을 포기했다.

크루즈 기술팀은 개인용 자율주행 기술팀에 통합됐다. 외부 협력보다는 자체 개발로 자율주행 전략을 전환한 것이다. GM은 자사 자율주행 시스템인 슈퍼 크루즈를 도입하고 관련 기술 개발을 가속화하고 있다.

GM과 반대의 길을 가고 있는 기업도 있다. 2025년, 스텔란티스는 자율주행 레벨 3 출시를 잠정 보류했다. 높은 비용 부담, 기술적 어려움, 시장 수요 부족이 주요 원인이었다. 이후 스텔란티스는 자체 개발보다 외부 업체와의 협력을 강화하고 있다.

2025년 10월, 중국 자율주행 스타트업 포니닷AI와 유럽 로보택시 개발 계획을 발표했다. 스텔란티스 전기차 플랫폼과 포니닷AI 자율주행 시스템을 결합한 시험 차량을 룩셈부르크에서 운행할 계획이다.

같은 해 10월 말에는 엔비디아, 우버, 폭스콘과 글로벌 로보택시 개발 협력을 선언했다. 스텔란티스는 차량 설계와 제조, 엔비디아는 소프트웨어, 폭스콘은 하드웨어와 시스템 통합, 우버는 해당 차량을 활용한 로보택시 서비스를 운영할 예정이다. 2028년 생산을 시작해 초기 운영 대수 5,000대가 목표다.

스텔란티스가 이러한 결정을 한 배경은 최근 실적 부진이 지속되고 있기 때문이다. 이런 상황에 과도한 자율주행 투자는 패착이 될 수 있다. 리스크를 최소화하고 자율주행 기술력을 확보할 방법으로 스텔란티스는 내재화가 아닌 외부 협력 강화 전략으로 선회한 것이다.

|출처: Pony.AI|

테슬라와 중국 전기차 업체로 인해 소프트웨어 기술 경쟁은 나날이 치열해지고 있다. 이런 상황에 내연기관 중심인 기존 자동차 기업들은 어려움을 겪을 수밖에 없다. 전기차는 소프트웨어 중심으로 설계되어 있다. OTA, 자율주행 등 소프트웨어 기술 적용에 용이하다. 반면 내연기관 차량은 기존 구조를 다시 설계해야 한다. 엄청난 비용과 시간이 필요하다.

결국, 글로벌 경쟁력을 기반으로 안정적인 사업 기반을 구축한 기업만 자율주행 내재화를 추진해야 한다. 토요타, 폭스바겐그룹, 현대자동차그룹이 대표적이다. BMW, 메르세데스-벤츠와 같은 프리미엄 브랜드도 포함이다. 테슬라, 중국 전기차 업체들과의 자율주행 경쟁에서 승리해야 한다. 명확한 전략 방향, 실행 중심 중장기 로드맵, 공격적인 투자와 인재 확보가 필요하다.

스텔란티스, 혼다, 포드처럼 실적 개선이 필요한 기업은 반대다. 이들은 전기차 전환도 지연되고 있다. 현 상황에서 자율주행 기술까지 자체 개발한다면 부담은 커질 수밖에 없다. 자율주행 전문 기업과의 협업을 통해 새로운 길을 찾아야 한다. 자율주행 전용 차량 개발, 로보택시 서비스 운영 등 효율적으로 자율주행 역량을 확보해야 한다. 시장에서 경쟁력을 회복한 뒤, 자율주행 내재화를 추진하면 된다. 실행 관점에서 자율주행을 빠르게 적용하기 위한 최선의 전략이 필요하다.

중국은 미국, 유럽 등 기존 자동차 강대국들보다 빠른 속도로 자율주행 시대를 준비하고 있다. 물론 한계점도 존재한다. 중국은 내수 시장 중심의 서비스, 보안 및 개인 정보 이슈, 정치적 리스크 등의 난제를 풀어야 한다. 그럼에도 중국의 자율주행 발전 속도는 압도적인 수준이다. 자율주행 육성을 위한 선순환 구조가 만든 결과다.

자율주행은 국가 차원의 경쟁이다. 우리나라도 적극적인 정책 지원으로 실증 사업을 확대해야 한다. 토요타의 우븐 시티처럼 광범위한 지역에서 자율주행 데이터를 확보할 수 있는 환경을 조성해야 한다. 국내에서는 현대자동차그룹만이 할 수 있는 프로젝트다. 자율주행 스타트업에 대한 지원도 강화해야 한다. 다만 무분별한 지원은 지양하고 기술력이 뛰어난 스타트업을 선별해 집중 육성해야 한다.

자율주행 기술의 완성은 시작일 뿐이다. 경쟁의 끝은 결국 '고객 경험'이다. 사람들의 삶 속에 자율주행을 구현하는 기업만이 승자가 될 것이다.

피지컬 AI, 로보틱스로 진화하는 미래 모빌리티

CHINA
IMPACT

1

피지컬 AI의 핵심, 로보틱스

움직이는 모든 것이 AI로 자율화되는 세상, 바로 피지컬 AI(Physical AI) 시대가 오고 있다. 피지컬 AI는 인공지능이 현실 세계에서 스스로 인식하고 행동하는 기술이다. CES 2025에서 엔비디아 CEO 젠슨 황이 제시한 AI 발전 단계를 통해 급부상한 키워드다.

Perception AI	AI가 시각적 정보를 인식하는 단계
Generative AI	AI가 데이터를 이해하여 새로운 콘텐츠를 만드는 단계
Agentic AI	AI가 복잡한 문제를 추론하고 해결책을 찾아내는 단계
Physical AI	AI가 현실 세계를 이해하고 행동하는 단계

AI의 궁극적인 형태는 가상공간을 넘어 현실 세계에 물리적으로 구현되는 피지컬 AI다. 로봇, 자율주행 자동차, 스마트 팩토리 등이 대표적인 예다. 그중 핵심은 로봇이다. 로봇은 AI가 현실 세계에서 상호 작용할 수 있는 이상적 매개체다. AI의 판단 능력과 로봇 기능이 결합될 때, 비로소 인간

수준의 인식과 판단, 행동이 가능해진다. 결국 피지컬 AI 구현은 로보틱스(Robotics, 로봇의 설계·제조·운용을 다루는 공학)의 발전에 달려 있다고 할 수 있다.

AI 기술의 비약적인 발전으로 로봇 산업은 빠르게 성장하고 있다. 과거 정해진 동작만 반복하는 고정된 기계를 넘어 로봇은 인식, 판단, 학습 능력을 갖춘 지능형 시스템으로 진화했다. 딥러닝과 강화 학습을 통해 로봇은 복잡한 환경에서도 주변을 인지하고 최적의 행동을 할 수 있다. 사람만큼 정교하다고 할 순 없지만, 시행착오를 통해 로봇 기술은 지속 발전하고 있다.

글로벌 로봇 시장도 긍정적으로 전망되고 있다. 시장조사 기업 마켓츠앤드마켓츠(MarketsandMarkets)는 글로벌 AI 로봇 시장 규모가 2025년 61억 달러에서 2030년 330억 달러까지 성장할 것으로 예측했다. 연평균 성장률은 40%에 달한다. 사회·기술적 요인으로 인해 향후 AI 로봇 수요는 지속 증가할 것이다.

고령화, 생산 가능 인구 감소, 3D 업종 기피에 따라 제조, 물류, 의료, 서비스 현장에서 인력난이 발생하고 있다. AI 로봇은 이런 인력난을 해소할 확실한 대안이 될 것이다. 스마트 팩토리, 물류 자동화, 디지털 헬스케어 등 산업별 디지털 전환이 가속화되고 있다. 생산성 향상과 비용 절감을 위해 로봇 기반의 자동화 프로세스 도입도 확대될 것이다.

모빌리티 산업에서도 로봇은 차세대 성장 동력으로 평가받고 있다. 특히, 글로벌 자동차 기업들은 로봇 사업에 적극적으로 참여하면서 미래를 준비하고 있다. AI 로봇을 투입해 생산성은 높이고 원가는 절감하는 최적화된 제조 공정을 구축하고 있다. 나아가 미래 모빌리티 시장을 선점하기 위해 자동차에서 로봇으로 사업을 확장하고 있다.

테슬라는 2021년 휴머노이드 로봇 '옵티머스(Optimus)' 개발 계획을 발표하고 로봇 사업을 본격적으로 추진하고 있다. 2021년 첫 시제품을 선보인 후, 2022년 테슬라 차량과 유사한 배터리와 컴퓨터 유닛을 탑재한 프로토타입을 공개했다. 카메라 기반 비전과 FSD 소프트웨어 아키텍처 이식이 핵심 방향성이었다. 이후 기능 고도화 단계로 가면서 계단 오르기, 물건 집기, 간단 작업 등의 동작을 선보였다. 2026년, 옵티머스 3세대 모델 약 1,000대를 테슬라 공장에 투입했다. 옵티머스는 부품 식별, 조립 준비, 부품 배송, 포장, 품질 검사 등을 수행하고 있다. 모건 스탠리는 옵티머스 투입으로 테슬라가 생산성 증대와 비용 절감을 달성했다고 분석했다.

2026년 1월, 일론 머스크는 테슬라 프리몬트 공장의 모델 S와 모델 X 생산 라인을 옵티머스 제조 라인으로 전환한다고 밝혔다. 두 모델의 생산은 2026년 2분기에 종료될 예정이다. 테슬라가 전기차 기업에서 자율주행과 로봇 전문 기업으로 도약하기 위한 전략적 선택이라 할 수 있다.

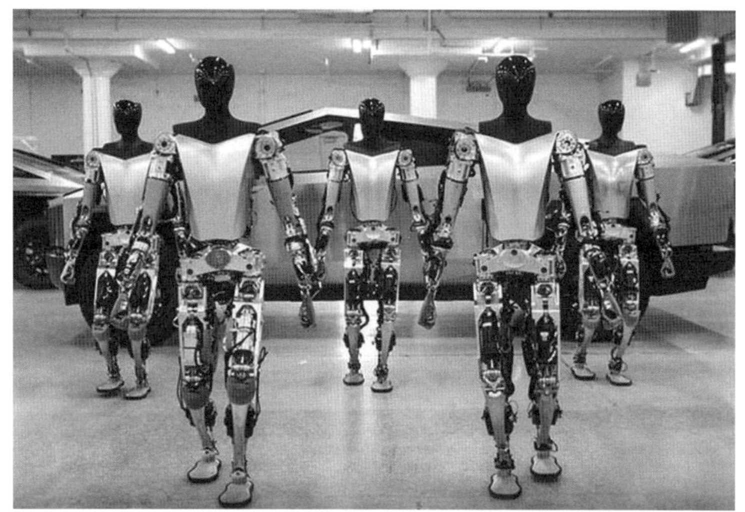

|출처: Tesla|

　현대자동차그룹은 2021년 보스턴 다이내믹스(Boston Dynamics)를 인수한 후, 빠른 속도로 로봇 사업을 전개하고 있다. 보스턴 다이내믹스는 1992년 카네기 멜런과 MIT 교수로 재직한 마크 레이버트가 설립한 로봇 공학 기업이다. 자율주행, 인지, 제어 등 로봇 기술 분야에서 높은 경쟁력을 보유한 업체다. 다양하고 혁신적인 로봇을 선보이며 인지도를 높여왔다. 4족 보행 로봇 'Spot'과 물류 자동화 로봇 'Stretch'를 상용화했고, 휴머노이드 로봇 '아틀라스(Atlas)'를 개발하고 있다. 현대차그룹은 CES 2026에서 차세대 전동식 아틀라스를 공개하여 엄청난 주목을 받았다. 아틀라스는 2028년부터 미국 메타플랜트(Hyundai Motor Group Metaplant America, 전기차 전용 공장)에 투입되어 부품 분류와 조립 작업을 수행할 예정이다.

현대차그룹은 연구 개발부터 서비스까지, 'AI 로보틱스 생태계 구축'
이라는 비전을 제시했다. 그룹 각 계열사의 역량을 기반으로 로봇 부품 공
급, 대량 생산, RaaS(Robot as a Service)를 구현할 계획이다.

보스턴 다이내믹스 '아틀라스'

|출처: Boston Dynamics|

BMW와 메르세데스-벤츠는 휴머노이드 로봇 스타트업과 협력하여
로봇화를 준비하고 있다. BMW는 피규어 AI(Figure AI)가 만든 휴머노이드
를 미국 스파턴버그 공장에 투입했다. 피규어 AI는 2022년 자율주행과 로
보틱스 전문가들이 모여 설립한 기업이다. 오픈AI, 엔비디아, 마이크로소
프트로부터 막대한 투자를 받았고, 오픈AI와 협력해 VLM(Vision Language
Model, 시각 언어 모델)을 공동 개발했다. 2024년 휴머노이드 로봇 '피규어 02'

를 공개하면서, 본격적으로 상용화를 추진했다. BMW 공장에 투입된 피규어 02는 11개월 동안 매일 10시간을 일하며, 총 1,250시간 이상의 러닝타임을 달성했다. 9만 개가 넘는 부품을 적재했고 X3 차량 3만 대 생산에 참여했다.

현재 피규어 AI는 차세대 모델인 피규어 03을 개발하고 있다. 피규어 03은 VLA(Vision Language Action, 시각 언어 행동)을 위한 AI 모델 '헬릭스(Helix)'를 탑재했다. 헬릭스는 피규어 AI가 오픈AI와 결별한 이후 독자적으로 만든 AI 모델이다. 이를 통해 피규어 03은 산업용을 넘어 가정용까지 범용성을 극대화할 계획이다.

BMW 공장에 투입된 '피규어 02'

|출처: Figure AI|

메르세데스-벤츠는 앱트로닉(Apptronik)과 협력하고 있다. 2016년에 설

립된 앱트로닉은 NASA의 차세대 우주 로봇 발키리(Valkyrie) 개발에 참여한 기업이다. 그만큼 독보적인 하드웨어 제어와 정밀 액추에이터(Actuator, 전기, 유압, 공압 등 외부 에너지를 이용하여 기계적 동작을 만드는 구동장치) 기술력을 보유한 업체다. 앱트로닉이 만든 휴머노이드 '아폴로(Apollo)'는 범용성과 안전성이 뛰어난 로봇이다.

2024년, 메르세데스-벤츠는 독일 마리엔펠데 공장 조립 라인에 아폴로를 투입했다. 아폴로는 부품 운반, 키트 조립, 품질 검사를 담당하고 있다.

메르세데스-벤츠 공장에 투입된 '아폴로'

|출처: Apptronik|

테슬라와 현대차그룹은 자동차 기업을 넘어 로봇 산업에서도 두각을

나타내고 있다. 피규어 AI와 앱트로닉도 휴머노이드 로봇 분야에서 선도적인 위치를 차지하고 있다.

하지만 중국은 이보다 앞서 휴머노이드 로봇 상용화에 진입하고 있다. 산업용 로봇을 넘어 휴머노이드 로봇 영역에서도 중국은 공격적인 행보를 보여주고 있다.

2

연구실을 넘어 공장으로, 중국 휴머노이드의 파괴적 혁신

산업용 로봇에서 휴머노이드까지, 중국은 로봇 산업 전 라인업에서 시장을 선도하고 있다.

중국은 글로벌 산업용 로봇 시장에서 40%의 점유율을 차지하며 독보적인 1위를 유지하고 있다. 2024년 전 세계에 신규로 설치된 산업용 로봇은 54.2만 대로 10년 전 대비 두 배 이상 성장했다. 이 중 중국에 설치된 로봇만 29.5만 대로 점유율은 54%에 육박한다. 또한 가동 중인 전 세계 산업용 로봇 466.4만 대 중 중국 비중은 43%, 202.7만 대에 달한다. 단일 국가 기준으로는 압도적인 점유율이다.

점유율뿐만이 아니다. 과거 일본과 유럽 브랜드가 강세였던 중국 시장은 자국 업체로 재편되고 있다. 2024년 중국 산업용 로봇 시장에서 자국 업체 점유율은 57%다. 2014년 28%에 불과했던 점유율이 두 배 가까이 증가한 것이다.

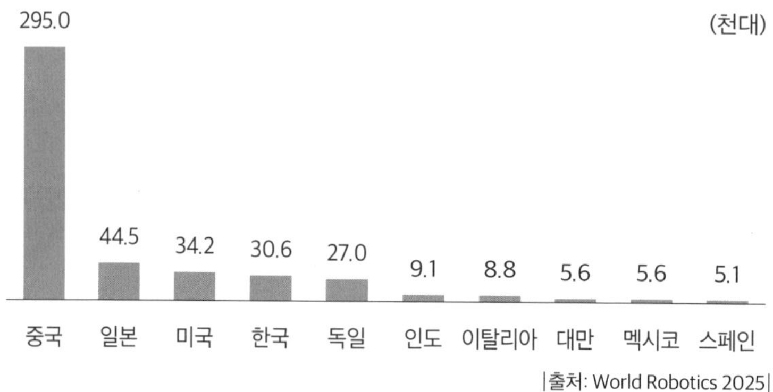

2024년 신규 설치 기준 산업용 로봇 대수

|출처: World Robotics 2025|

중국 휴머노이드 로봇은 기술 데모 수준을 넘어 상용화 단계로 진입하고 있다. 2025년, 글로벌 휴머노이드 출하량의 80%를 중국 기업이 차지하면서 압도적인 시장 장악력을 보여줬다. 대표적인 중국 휴머노이드 로봇 기업인 애지봇(AgiBot), 유니트리(Unitree Robotics), 유비테크(UBTECH), 레주(Leju Robot)의 시장점유율만 66%에 달한다.

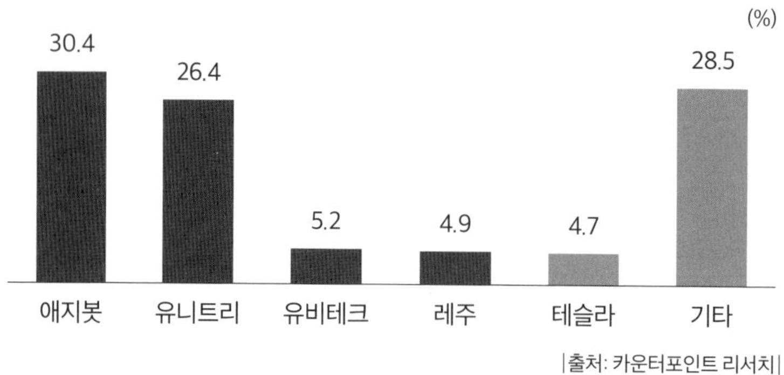

2025년 휴머노이드 로봇 설치 점유율

|출처: 카운터포인트 리서치|

테슬라와 보스턴 다이내믹스가 기술 리더십 확보에 주력할 때, 중국 휴머노이드 기업들은 본격적인 양산 체제에 돌입했다. 이 엄청난 성과는 중국 정부의 파격적인 육성 정책과 공급망 구축, AI 기술력 확보에서 비롯했다.

중국 정부는 로봇을 차세대 전략 사업으로 인식하고 국가 차원에서 집중 육성했다. 특히 휴머노이드 분야는 중앙정부와 지방정부가 협력하여 대규모 투자 및 산업 생태계 육성을 지원하고 있다. 2025년 중앙정부는 역대급 규모인 1조 위안(약 200조 원) 펀드를 조성하여 AI와 로봇 기업을 지원하고 있다. 베이징, 상하이 등 각 지방정부도 휴머노이드 산업단지를 조성하여 재정적 지원과 기술 혁신을 주도하고 있다.

또한 핵심 부품 국산화와 수직 계열화를 통해 안정적인 공급망과 가격 경쟁력을 확보했다. 제어기, 감속기, 구동 모터 등 핵심 부품을 자체 개발하면서 국산화율을 높이고 있다. 대규모 내수 시장을 바탕으로 규모의 경제를 실현하여, 품질 강화와 원가 절감도 달성했다. 중국 휴머노이드 대표 기업 유니트리는 약 800만 원 수준의 휴머노이드를 출시하며 시장을 놀라게 했다.

고성능 AI GPU 수급 문제로 중국 휴머노이드 기술력은 미국과 비교해 완성도와 안전성이 떨어진다. 이런 기술적 열위를 극복하기 위해 중국은 상용화에 집중했다. 빠른 양산을 통해 대규모 데이터를 학습하고 하드웨어에 최적화된 체화형 AI(Embodiment AI)를 구현했다. 이를 통해 휴머노이드 로봇의 실시간 반응 속도와 수행 능력을 높이고 있다.

정부의 적극적인 지원 정책, 빠른 상용화를 통한 기술력 제고, 내수 시장 기반 양적·질적 성장. 익숙한 그림이지 않은가? 전기차, 자율주행 분야에서도 중국은 이렇게 글로벌 경쟁력을 확보했다. 다음은 휴머노이드 로봇인 것이다.

대표적인 중국 휴머노이드 로봇 기업은 애지봇과 유니트리를 들 수 있다. 2023년에 설립된 애지봇은 대량 생산과 상용화가 강점인 기업이다. 2025년, 설립 2년 만에 전 세계 시장점유율 30%를 달성하며 글로벌 1위로 등극했다. 애지봇은 AI 기반 지능형 로봇 플랫폼을 개발하여 다양한 산업에 적용 가능한 로봇을 선보이고 있다. 휴머노이드 로봇 'A2', 'X'를 비롯해 4족 보행 로봇 'D1', 서비스 로봇 'G'까지 다양한 로봇 라인업을 구축했다. 2025년 12월에는 콘서트, 결혼식 등 다양한 행사에 애지봇 로봇을 투입할 수 있는 '팅톈 렌트(Qintian Rent)' 플랫폼을 론칭했다. 중국 50개 도시에서 운영되고 있으며 600개 서비스 업체와 1,000대 이상의 로봇이 등록되어 있다. 애지봇은 RaaS 모델 구현을 통해 향후 독자적인 로봇 생태계를 구축할 것이다. 중국을 넘어 미국, 유럽에서도 인증을 획득해 글로벌 시장 진출도 준비하고 있다.

|출처: 화인로보틱스|

2016년에 설립된 유니트리는 세계 최초로 4족 로봇 상용화에 성공한 기업이다. 2025년 4족 로봇 글로벌 점유율의 약 70%를 차지한 독보적 1위 기업이다. 휴머노이드 로봇을 미래 성장 동력으로 삼고 공격적으로 사업을 추진하고 있다. 2025년 양산 1년 차에 전 세계 점유율 26%를 차지하며, 글로벌 2위 기업으로 등극했다. 유니트리가 개발한 휴머노이드 로봇 'H' 시리즈는 점프, 러닝, 발레 등 고난도 운동을 선보이며 주목받았다. 4족 로봇 1위 기업답게 '고기동 다리' 기술에서 차별화된 경쟁 우위를 가지고 있다. 물론 유니트리의 가장 큰 강점은 저렴한 가격이다. 자체 개발한 감속기, 라이다, 구동 모터를 기반으로 저비용 양산 체계를 구축해, 경쟁사 대비 압도적인 가격 경쟁력을 확보했다.

|출처: Unitree Robotics|

글로벌 IT 전문 매체 CNET이 선정하는 'CES 2026 최고 로봇(Best of CES 2026-Best Robot)'에 보스턴 다이내믹스의 아틀라스가 선정됐다. 아틀라스가 선보인 기술력과 디자인은 경쟁사보다 높은 평가를 받기에 충분했다. 하지만 아틀라스는 이제 양산 초기 단계일 뿐이다. 중국 휴머노이드 로봇은 실용성과 상용화를 기반으로 빠른 속도로 성장하고 있다. 시간이 지날수록 기술 격차는 줄어들고 가격 경쟁은 어려워질 것이다. 지금은 아틀라스를 보고 안주할 때가 아니다. 글로벌 휴머노이드 경쟁에서 중국을 이길 수 있는 전략을 수립해야 한다.

3

피지컬 AI 생존 전략

중국은 정부의 전략적 지원과 내수 시장 기반 안정적 공급망 확보, 빠른 상용화를 통해 글로벌 로봇 시장에서 선도국으로 부상했다. 전기차와 배터리 시장을 장악한 BYD와 CATL처럼, 가까운 미래에 중국 기업이 로봇 산업을 주도하는 날이 올 수도 있다. 이미 애지봇과 유니트리는 가격 경쟁력과 빠른 상용화 전략으로 휴머노이드 시장을 장악하고 있다.

속도와 규모에서 앞서고 있는 중국 로봇 업체와 경쟁하기 위해서는 차별화된 접근 방식이 필요하다. 바로 가격이 아닌 '초격차 기술력 확보'와 '선택과 집중의 실증 전략'이다.

⚠️

초격차 기술력 확보

하드웨어 원가 경쟁에서 압도적으로 유리한 중국과 가격으로 경쟁하는 건 의미가 없다. 우리는 핵심 기술, 즉 로봇 지능과 정밀도 기술 개발에 집중해야 한다. AI 기반 제어 소프트웨어, 비전 인식 기술, 학습 알고리즘 고도화를 통해 로봇의 상황 인지, 판단, 행동 능력을 높여야 한다. 이를 위해 글로벌 기업들과 전략적 협업 체계를 구축해야 한다. 현 상황에서 기술 내재화로 중국 업체를 대응하는 건 한계가 있다. 탈중국화 관점에서 글로벌 선도 기업들과 파트너십을 체결해 핵심 기술력을 확보해야 한다.

단, 반도체, 배터리, 액추에이터 등 로봇 핵심 부품에 대해서는 자체 경쟁력을 강화해야 한다. 이미 글로벌 시장에서 한국 기업들은 선도적 위치를 선점하고 있다. 핵심 부품 자립화를 통해 고성능 연산 반도체, 차세대 배터리, 고정밀 구동 등 초격차 기술력을 개발해야 한다.

물론, 시장 변화와 기술 트렌드를 명확히 분석해 방향성을 수립해야 한다. 최근 휴머노이드 로봇 부상으로 국내 배터리 업체에 대한 기대가 커지고 있다. 휴머노이드 로봇은 배터리 탑재 공간이 작아 에너지 밀도와 출력이 높은 배터리가 필요하다. 이에 삼원계 배터리를 주력으로 하는 국내 업체가 중국 업체보다 유리하다는 평가가 많다. 그러나 휴머노이드 시장이 확대되기 위해서는 결국 적정 가격대의 로봇이 필요하다. 삼원계나 전고체 배터리의 원가를 획기적으로 절감하지 못하면 시장 초기에만 활용될 가능성도 크다. 또한 휴머노이드 로봇은 충전이 아닌 배터리 교체 방식으로 운영될 수도 있다. 나아가 CATL이 새로운 배터리로 시장을 재편할 가능성도 있다. 단기적인 시각으로 시장을 판단해서는 안 된다. 전기차 배터리 시장이 어떻게 변했는지 잊지 말아야 한다. 시장에 대한 냉철한 분석과 선제적 대응으로 주도권을 확보해야 한다.

⚠️
선택과 집중의 실증 전략

빠른 상용화는 실사용 데이터 분석과 학습을 통해 신기술 고도화를 촉진할 수 있다. 중국 휴머노이드 업체들이 빠르게 성장할 수 있었던 주된 이유 중 하나다. 그렇다고 중국 업체들과 동일한 전략을 추진해서는 안 된다. 모든 산업에 적용 가능한 범용 로봇 개발은 자원과 시간 측면에서 부담이 크다. 우리는 선택과 집중을 통해 중국 업체와의 격차를 좁혀야 한다. 제조, 물류, 건설 등 자동화 수요가 높은 영역을 선별해 집중 공략하는 것이다. 특정 작업에서 생산성 향상과 안전성을 입증하여 확실한 레퍼런스를 확보해야 한다. 이를 통해 고부가가치 분야로 사업을 확장할 수 있다. 물론 실증 속도는 중요하다. 완벽한 로봇을 만드는 것보다 프로토타입을 빠르게 투입해 문제를 개선하고 기술력을 높여야 한다. 정부와 기업이 협력해 테스트 베드를 구축하면 상용화에 속도를 낼 수 있을 것이다.

피지컬 AI의 핵심, 로보틱스 전쟁은 이제 시작이다. 로보틱스는 AI, 반도체, 배터리를 넘어 산업 생태계 전반이 결합된 종합 경쟁 영역이다. 초유망 산업(Hyper-promising Industry)으로 평가받는 로봇 경쟁에서 뒤처진다면 미래 산업 패권의 주도권을 상실하게 될 것이다. 로포틱스 패권의 본질은 양적 팽창이 아니라, 누가 더 가치 있는 일을 수행하는가이다. K-로보틱스의 미래는 저가 공세를 펼치는 중국 로봇을 넘어, 지능형 고성능 로봇으로 피지컬 AI의 글로벌 표준을 선점하는 것에 달려 있다.

PART 8

UAM 시대의 서막,
항공 모빌리티 리더십의 향방

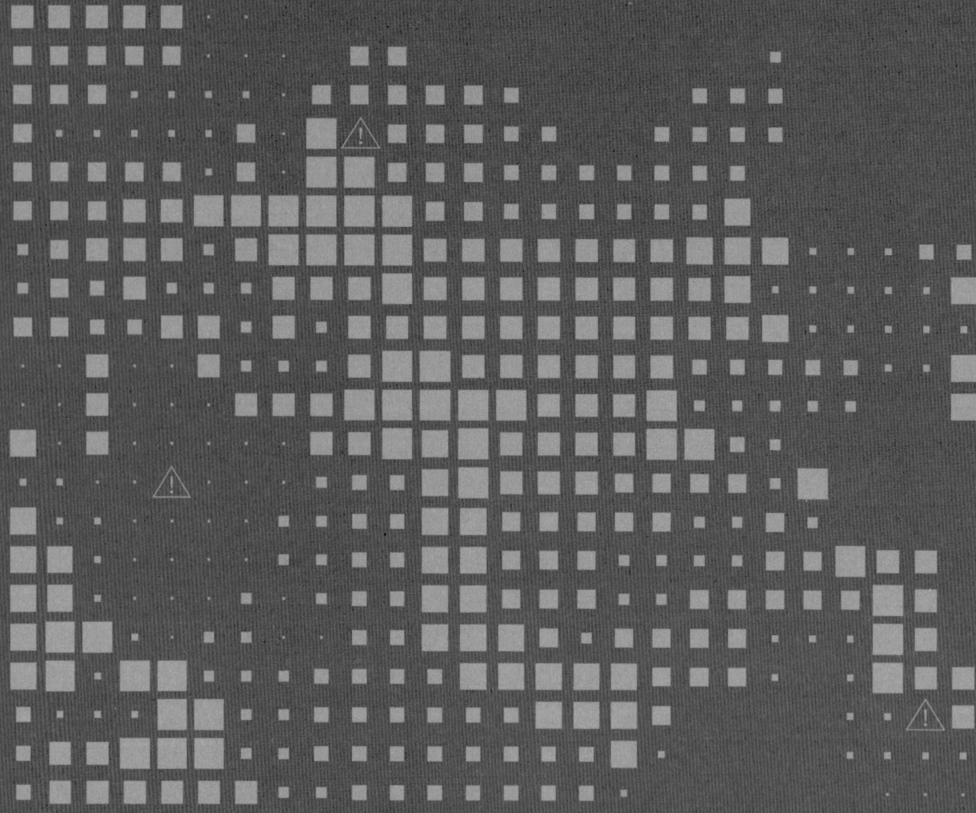

1

지상에서 하늘로,
새로운 모빌리티 시대의 주도권 경쟁

UAM(Urban Air Mobility, 도심 항공 모빌리티)은 UAM 전용 항공기를 활용해 도심 상공을 이동하는 새로운 교통 체계를 말한다. UAM은 모빌리티 서비스와 전기차에 이은 모빌리티 산업의 메가트렌드로 평가받고 있다. 모빌리티 서비스는 플랫폼을 기반으로 이동 수단과 서비스를 연결하여 새로운 사업 영역을 만들었다. 전기차는 배터리 및 충전 인프라를 중심으로 모빌리티 산업의 가치사슬을 재편했다. UAM은 eVTOL(전기 수직 이착륙기) 개발, 버티포트(Vertiport, UAM 공항) 등 항공 모빌리티라는 새로운 산업 생태계를 탄생시키고 있다. 도시 구조와 사람들의 이동 방식은 새롭게 변화할 것이다. 하늘로 확장된 새로운 모빌리티 라이프가 펼쳐지는 것이다.

UAM 주요 용어

AAM (Advanced Air Mobility)	도심 내 이동을 넘어 지역 간 승객과 화물을 이동시키는 항공 시스템
eVTOL (electric Vertical Take-Off and Landing)	수직으로 이착륙하며 전기로 구동되어 소음이 적은 UAM 전용 항공기
버티포트 (Vertiport)	UAM 전용 터미널이자, 승객 승하차와 eVTOL 충전과 정비가 가능한 UAM 거점

아직은 실증 단계지만, UAM 시장 규모는 긍정적으로 전망된다. 모건 스탠리는 UAM 시장 규모가 2040년에 약 1조 5천억 달러(약 1,800조 원)에 달할 것으로 전망했다. 현재 스타트업과 항공사, 자동차 제조사 등 글로벌 기업들도 UAM 사업에 참여하고 있다.

대표적인 UAM 기업은 2009년에 설립된 '조비 에비에이션(Joby Aviation)'이다. 조비는 UAM 항공기 eVTOL 개발에 가장 앞서고 있는 기업으로, 현재 FAA(미국 연방항공청) 인증 절차의 최종 단계에 올라와 있다. 조비가 개발 중인 eVTOL은 'S4'다. 총 4만 마일 이상의 비행 데이터를 축적했으며, 2025년 캘리포니아 마리나 공항에서 몬터레이 공항까지 약 18.5km 거리를 12분 만에 비행하는 데 성공했다. 조비는 토요타 등 글로벌 기업들의 막대한 투자를 받아 경쟁업체 대비 안정적인 사업 기반을 확보했다. FAA 인증을 마친 후 미국, 중동, 유럽, 아시아 주요 도시에 서비스를 론칭할 계획이다.

|출처: Joby Aviation|

조비와 함께 UAM 선도 기업으로 평가받는 업체는 '아처 에비에이션 (Archer Aviation)'이다. 아처는 기체 개발 단계를 넘어 글로벌 서비스 상용화와 대량 생산 체계를 준비하고 있다. 아처가 개발한 eVTOL '미드나이트 (Midnight)'는 파일럿 1명과 승객 4명을 태울 수 있다. 최대 시속 241km로 비행할 수 있으며, 일반 헬리콥터보다 백 배 이상 조용하다. 아처는 글로벌 자동차 기업 스텔란티스와 협력하여 미국 조지아주에 대규모 생산공장을 건설 중이다. 아랍에미리트, 사우디아라비아 등 중동 지역을 중심으로 UAM 서비스 상용화를 준비하고 있다.

|출처: Archer Aviation|

국내 대표 UAM 기업은 '현대자동차그룹'이다. 현대차그룹은 2021년 UAM 독립 법인인 슈퍼널(Supernal)을 설립해 미국에서 eVTOL 개발과 인증을 담당하고 있다. 현대자동차와 슈퍼널이 공동 개발하고 있는 eVTOL 'S-A2'는 FAA 인증을 진행 중으로, 2028년 상용화를 목표로 하고 있다.

국내에서 UAM 항공기 개발부터 서비스 운영까지 추진하고 있는 기업은 현대차그룹이 유일하다. 현대차그룹은 지상에서 하늘까지, 자동차와 UAM을 통해 미래 모빌리티 생태계를 새롭게 정의하는 비전을 제시하고 있다.

슈퍼널 'S-A2'

|출처: 현대자동차그룹|

　우리나라 정부도 적극적으로 UAM 산업을 추진하고 있다. 2020년에는 국토교통부 주도로 정부, 기업, 학계가 참여하는 'UAM 팀 코리아'를 출범했고, 2021년 12월에는 '2025년 UAM 상용화'를 목표로 한 'K-UAM 그랜드챌린지'를 실시했다. 현대자동차, 대한항공, SK텔레콤 등 국내 대표 기업들이 컨소시엄을 이뤄 단계별 UAM 상용화를 추진했었다. 하지만 자체 UAM 항공기 개발, 인프라 설립, 운영 체계 구축 등이 지연되면서 목표 시점이 연기되었다. 사업화를 잠정 중단하는 기업들도 나타나고 있다. 미국과 유럽보다 UAM 상용화 시점이 지연되고 있으며, 기체 인증, 운항 경로 설정, 안전성 확보 등 해결해야 할 과제도 많이 남은 상태다.

반면 중국은 전기차, 배터리 등 모빌리티 핵심 산업에 이어, 미래 신사업인 UAM 분야에서도 두각을 나타내고 있다.

2

중국의 저고도 경제,
UAM 상용화를 선보이다

중국은 2024년부터 저고도 경제(low-altitude Economy)를 국가 전략 사업으로 지정했다. 저고도 경제는 1,000m 이하의 고도에서 드론과 UAM이 이끄는 새로운 경제 생태계를 의미한다. 리창 중국 총리가 '정부 업무 보고'에서 저고도 경제를 새로운 동력으로 육성하겠다고 밝히면서 산업은 빠르게 성장하고 있다. 미국과 유럽이 UAM 상용화를 준비하는 사이, 중국은 UAM보다 확장된 개념인 저고도 경제 체계를 만들고 있는 것이다.

현재 UAM 상용화에 가장 앞서 있는 나라는 중국이다. 중국 정부는 UAM 상용화를 저해하는 규제를 완화하고 자체 eVTOL에 대한 인증 체계를 구축했다. 중국 UAM 업체들은 막대한 자본을 투자해 UAM 핵심 기술을 개발하고 있다.

중국의 대표적인 UAM 업체는 2014년에 설립된 '이항 홀딩스(EHang Holdings)'다. 이항이 개발한 eVTOL 'EH216-S'는 2025년 세계 최초로

CAAC(중국 민용항공국)로부터 자율 여객기 드론 운영 인증을 획득했다. 이항 CFO 코너 양은 2025년 말 광저우와 허페이의 지정 구역에서 운항을 시작한다고 발표했다.

이항은 중국을 넘어 중동, 동남아시아, 라틴 아메리카 등 해외 진출도 활발히 진행하고 있다. 2025년 10월, 태국 민간항공청과 현지 업체들과 함께 AAM 샌드박스 이니셔티브를 시작했으며, 방콕에서는 이미 EH216-S를 활용한 시범 운항을 진행 중이다.

2025년 6월에는 아르헨티나 항공기 제조사 FAdeA(Fábrica Argentina de Aviones)와 MOU를 체결했다. 양사는 아르헨티나 및 라틴 아메리카 전역에 eVTOL 항공기 시스템을 배치할 계획이다. 주요 협력 분야는 감항성 인증, 현지 생산, 맞춤형 운영 지원 시스템 개발이다.

최근 이항은 신형 eVTOL 'VT-35'를 선보였다. VT-35는 2인승으로 최대 200kg까지 탑재할 수 있고, 항속 거리는 200km 이상이다. 기존 모델인 EH216-S의 운항 거리가 30km인 점을 고려하면 비약적인 성능 개선이라 할 수 있다. 가격은 약 650만 위안(약 13억 원)으로 EH216-S보다 두 배 이상 비싼 수준이다.

이항 'EH216-S'

|출처: EHang|

이 외에도 오토플라이트(AutoFlight), 지리 자회사 에어로푸지아(Aerofugia), 샤오펑 자회사 에어로트(AEROHT) 등 100개 이상의 기업과 연구 기관이 UAM 사업에 참여하고 있다. 특히 배터리 제조사 CATL은 오토플라이트와 MOU를 체결하고, eVTOL 개발에 수억 달러를 독점 투자했다.

2024년, 중국 저고도경제연합(CLAEA)은 2030년 중국 저고도 경제 규모를 약 3조 위안(약 600조 원)으로 전망했다. 포춘(Fortune)이 발표한 2032년 글로벌 UAM 시장 전망치인 1,469억 달러(약 209조 원)보다 훨씬 큰 수치다. 중국 저고도경제연합은 eVTOL이 물류, 농업, 도시 관리, 응급 구조, 관광을 위한 주요 교통수단이 될 것으로 예측했다. 2030년까지 10만 대 규모의 eVTOL을 보급할 계획이다.

그간 중국은 글로벌 UAM 시장에서 큰 주목을 받지 못했다. 가장 큰 이유는 인증 문제였다. 중국 CAAC 인증은 미국 FAA 인증, 유럽 EASA(유럽연합 항공안전청) 인증과 호환되지 않는다. 즉, CAAC 인증으로는 UAM의 핵심 시장인 미국과 유럽에서 사업화가 불가하다. 그래서 중국의 UAM 사업은 자국 시장에 국한될 것이라는 전망이 지배적이었다.

물론 중국도 초기에는 내수 사업에 집중할 것이다. 자국 시장에서 성공적으로 UAM 상용화를 추진한 후, 이를 바탕으로 동남아시아, 중동, 라틴 아메리카로 사업을 확대할 것이다. 미국, 유럽 진출도 불가능하지 않다. 유럽 대표 UAM 업체인 볼로콥터(Volocopter)가 자금 조달 문제로 2024년 12월 파산 신청을 했다. 이를 인수한 기업은 독일에 본사를 둔 다이아몬드 에어크래프트(Diamond Aircraft)다. 다이아몬드 에어크래프트는 중국 완평 오토 홀딩 그룹(Wanfeng Auto Holding Group) 산하 완평 에어크래프트 디비전(Wanfeng Aircraft Division) 자회사다. 볼로콥터는 이제 중국 기업이 된 것이다. 중국은 볼로콥터를 통해 유럽 UAM 시장에 진출할 것이다. 익숙한 그림이지 않은가? 중국은 전기차와 배터리도 이런 방법으로 현재의 시장 지위를 구축했다.

2025년 6월, 미국 트럼프 대통령은 UAM 내용이 포함된 '미국 드론의 지배력 강화(Unleashing American Drone Dominance)'와 '초음속 비행 규제 혁신(Leading the World in Supersonic Flight)' 행정명령에 서명했다. eVTOL 실증 프로그램을 개시하여 UAM 상용화를 신속히 추진한다는 내용이다. 6개월 내 eVTOL 조종사 자격 및 정비 표준 초안을 마련하고, NASA(미국 항공우주국)

와 협력해 저소음 전기 추진 시스템을 검증하는 로드맵을 수립한다. UAM 경쟁에서 중국을 견제하고 시장 주도권을 확보하기 위한 행정명령이다.

그러나 현재 UAM 상용화에 있어 기술·제도적으로 앞서고 있는 나라는 중국이다. 정부의 강력한 지원과 중국 업체들의 추진력으로 중국은 UAM 선도 국가로 올라섰다. 이에 비해 국내 UAM 시장은 아직 실증 단계에 머물고 있다. UAM 사업화에 대한 전략적 재검토가 필요한 시점이다.

3

K-UAM의 미래,
플랫폼 경쟁력에 달려 있다

현재 UAM 사업에 참여하고 있는 국내 업체는 50개 이상이다. UAM 항공기 개발, UAM 서비스 운영, 버티포트 구축 등의 사업을 추진하고 있다. 이 중 실제로 사업을 추진할 수 있는 업체가 몇이나 될까? 분야별로 차이는 있겠지만, 결국 소수 기업만이 남게 될 것이다.

⚠️
UAM 항공기 개발 사업

UAM 항공기 개발은 고도의 기술력과 자본력이 필요한 분야다. 성공적으로 시제품을 개발하는 일도 어렵지만, 이를 대량 생산하는 일은 더욱 어렵다. 테슬라도 모델 3를 대량 생산하는 과정에서 극심한 생산 차질과 혼란을 겪었다. 당시 일론 머스크도 "테슬라가 생산 지옥에 빠졌다"라고 표현한 바 있다.

UAM 항공기 개발은 기존에 없던 새로운 기체를 만드는 일이다. 전기차 개발과는 차원이 다르다. 성능, 품질, 원가를 만족하는 고난도 기체를 만들어야 하고, 대량 생산을 위한 라인 구축과 생산 기술도 필요하다. 현재 UAM 항공기 개발에 참여하고 있는 국내 업체 중에서는 현대자동차만이 할 수 있는 일이다.

스타트업들은 시제품 개발까지는 성공할 수는 있겠으나, 대량 생산 체계 구축은 불가능하다. 막대한 투자를 받으면 가능하겠지만, 현실적으로 어려운 일이다. 현대자동차는 막대한 자본력과 자동차 양산 체계를 구축한 기술력이 있다. 슈퍼널이 UAM 항공기를 성공적으로 개발하면 현대자동차의 지원을 통해 본격적인 사업화가 가능할 것이다.

⚠️ UAM 서비스 운영 사업

UAM 서비스 운영 사업은 UAM 개발업체로부터 항공기를 구매한 후 운항 서비스를 제공하는 모델이다. 조비, 이항, 슈퍼널 등 대부분의 UAM 항공기 개발업체는 서비스 운영까지 담당할 것이다. UAM 항공기 개발업체와의 협업을 통해 UAM 서비스 운영에 참여하고 있는 업체도 있다. 국내 기업으로는 SK텔레콤과 카카오모빌리티, 대한항공이 대표적이다.

SK텔레콤은 조비의 지분 2%를 확보해 K-UAM 그랜드챌린지에 공동 참여해왔다. 카카오모빌리티와 대한항공은 각각 2024년과 2025년에 아처와 파트너십을 체결했다. 카카오모빌리티는 아처가 개발 중인 eVTOL 미드나이트 구매 의향서를 전달했고, 대한항공은 2025년에 미드나이트 100대 도입을 검토한 바 있다.

UAM 서비스 운영 사업은 UAM 항공기 구매와 운영을 위한 막대한 자본이 필요한 모델이다. 사업 초기에는 항로와 이용 고객이 제한적일 수밖에 없어 UAM 상용화 전까지는 손실을 감수해야만 한다. 현실적으로 UAM 서비스 운영 사업은 항로가 다각화되고 이용 고객이 많아지는 시점에야 성장기에 들어설 수 있다. 국내에서 UAM 서비스 운영 사업을 추진할 수 있는 기업도 극소수에 불과하다. UAM 사업과 시너지를 낼 수 있는 항공사, UAM을 새로운 성장 동력으로 삼은 대기업 정도나 가능할 것이다. 물론 이들 기업도 시장 상황에 따라 UAM 사업을 전면 중단할 수도 있다.

⚠️ 버티포트 구축 사업

버티포트 사업은 UAM 거점을 구축하는 일에만 집중하면 된다. UAM 항공기 개발, UAM 서비스 운영 사업과 비교하면 진입이 쉬운 편이다. 영국의 스카이포츠(Skyports), 이탈리아의 어반브이(UrbanV)와 같은 버티포트 전문 업체와 글로벌 건설사들이 해당 사업에 참여하고 있다.

사업 초기에는 UAM에 대한 이해도가 높은 전문 업체들이 주도권을 가져갈 것이다. 현재 버티포트 전문 업체들은 조비, 현대자동차그룹 등 주요 UAM 업체들과 협업하여 사업을 확대하고 있다.

글로벌 건설사들도 버티포트 사업을 위한 핵심 경쟁력을 보유하고 있다. 건설 기술력, 경험, 자본력은 버티포트 사업 진출에 중요한 기반이 될 것이다. 건설사들은 단순한 버티포트 구축을 넘어 UAM 사업과 연계되는 복합 시설을 개발할 수도 있다. 특히 UAM 상용화 시점에는 대규모 버티포트 구축이 필요하므로 글로벌 건설사들이 보유한 자본력과 대형 건설 사업 경험은 차별화된 경쟁력이 될 것이다.

UAM 상용화 전에 충분한 사업 기반과 역량을 구축해야 한다. 현재까지 버티포트 사업에 있어 구체적인 진전이 없는 기업들은 생존하기 어렵다. 버티포트 콘셉트 설계, 프로토타입 거점 구축 등 구체적인 사업 로드맵이 있는 기업만이 기회를 잡을 수 있다. UAM 항공기와 운항 서비스에 대한 이해와 전문성을 바탕으로 사업을 추진해야 한다.

스카이포츠 버티포트 이미지

|출처: Skyports|

UAM 사업의 핵심 경쟁력은 항공기 개발과 서비스 운영에 있다. K-UAM이 글로벌 UAM 시장을 선도하기 위해선 서비스 운영에 집중해야 한다. 현대자동차그룹의 슈퍼널을 제외하면 국내 UAM 항공기 개발 역량은 글로벌 기업과 경쟁하기 어려운 수준이다. UAM 스타트업은 기술 개발까지는 가능하겠지만 양산 체계를 구축할 수 없다. 버티포트 구축 역시 UAM 사업의 메인 영역이 아니다.

K-UAM의 차별화된 경쟁력은 이상적인 서비스 모델 구축에 달려 있다. 핵심은 플랫폼이다. 최상의 고객 경험과 사업 최적화를 위한 플랫폼을 만들어야 한다. 이 부분은 필자의 전작인 《다가오는 미래, UAM 사업 시나리오》에서 자세히 정리했다. 사람들이 만족하는 UAM 서비스를 제공하는 것이 UAM 상용화의 필수 요건이다. 그리고 UAM 사업의 지속가능성을 위한 운영 전략도 수립해야 한다. 핵심은 수익성 확보다.

⚠️ 최상의 고객 경험 제공

사람들이 UAM 서비스에 기대하는 가치는 명확하다. 지상에서는 경험할 수 없는 '신속하고 편안한 이동'이다. UAM 서비스를 제공하는 업체는 온·오프라인상에서 어떤 고객 경험을 제공할지 정의해야 한다.

서비스 검색과 예약은 온라인에서 진행된다. UAM 운항 일정과 가격 확인, 예약과 결제까지 쉽고 간편하게 만들어야 한다. 버티포트 도착 후 eVTOL 탑승 전까지 사람들이 편안하게 대기할 수 있는 공간을 설계해야 한다. UAM은 버티포트 간 이동이다. 최종 목적지까지 이동할 수 있는 연계 서비스가 필요하다. UAM 사업자는 모빌리티 서비스와 연계하여 고객들이 최종 목적지까지 편리하게 이동할 수 있도록 지원해야 한다.

검색	UAM 운항 시간, 가격 조회 등	온라인 경험	웹·앱 기반 UAM 서비스 플랫폼 개발 / 우수한 UX·UI 기반의 온라인 환경 구축
예약	UAM 서비스 예약, 결제, 일정 변경 등		
대기	버티포트 탑승 수속 및 대기 공간	오프라인 경험	고객 동선을 고려한 버티포트 레이아웃 설계 / UAM 가동률 관리(충전·정비) / 모빌리티 서비스를 연계한 이동 서비스 제공
탑승	UAM 탑승 및 이동		
하차	최종 목적지 이동 지원		

핵심은 고객 관점의 플랫폼 설계다. 온라인에서 오프라인까지 일관된 고객 경험을 제공해야 한다. 온·오프라인 고객 경험을 설계할 수 있는 역량이 필요하다.

신사업을 추진할 때 가장 많이 하는 실수는 '새로운 것에 대한 집착'이다. 이를 버려야 한다. 플랫폼은 단순할수록 좋다. UAM 서비스가 고객에게 줄 수 있는 가치에 집중해야 한다.

사업 최적화

고가의 UAM 항공기 구매부터 버티포트 구축까지, UAM 사업은 막대한 투자가 필요한 사업이다. 초기 제한적인 사업 범위까지 생각하면 단기간 내 수익 확보는 불가능한 일이다. 모빌리티 혁신을 주도했던 우버(Uber)도 2023년에야 흑자 전환에 성공했다. 2010년 서비스 운행을 시작한 이후 14년 만이다.

사업이 지속 성장하기 위해서는 수익이 창출되어야 한다. 미래 전망과 비전만으로는 사업을 영위하기 어렵다. 투자에도 한계가 있다. UAM 시장을 선도했던 볼로콥터와 릴리움(Lilium)도 자본 조달에 실패하면서 파산했다. 초기부터 사업 최적화 관점에서 서비스 플랫폼을 구축해야 한다. 사업 효율화를 통해 리스크를 최소화하고, 다각화를 통해 신규 수익원을 확보해야 한다.

효율화	다각화
eVTOL 품질 관리 체계 구축 - 데이터 분석 기반의 선제적 기체 관리	버티포트 기반 초연결 모빌리티 생태계 조성 ① 지상/하늘 모빌리티 허브 운영 - 카셰어링/카헤일링 서비스 거점 - 드론 물류기지 구축 - 지상/하늘 연계 로지스틱스 사업
UAM 전문 인력 관리 - 파일럿: 자율비행 시점을 고려한 최적의 인력 운영 - 정비사 : eVTOL 정비 전문가 육성	② 관광, 부동산 사업 연계 UAM 활용 확대

사업 효율화의 핵심은 항공기 품질 관리와 인력 운영 최적화다. 우선 eVTOL 품질 관리 체계를 구축해야 한다. UAM 사업은 안전성이 가장 중요하다. 사업 초기에 eVTOL 문제로 사고가 발생하면 어떻게 될까? 해당 UAM 업체는 시장에서 살아남기 힘들 것이다. 나아가 UAM 산업 자체가 정체될 수도 있다. 철저한 품질 관리로 사고를 예방해야 한다. 사후 조치는 의미가 없다. 데이터 분석을 기반으로 기체 상태와 결함을 실시간으로 관리하고, 기체 이륙 전후에 외관 상태를 점검하는 선제적인 품질 관리 체계가 있어야 한다. eVTOL 기체 결함으로 인한 문제는 절대 발생하면 안 된다.

UAM 전문 인력 관리 방안도 수립해야 한다. UAM 사업은 자율비행을 목표로 하고 있다. 현 eVTOL은 기체 크기가 제한적이라 파일럿을 포함해 최대 5명밖에 태우지 못한다. 더 많은 승객을 태우기 위해 파일럿은 자율비행으로 대체되어야 한다. 파일럿의 높은 인건비도 부담 요인이다. 하지만 서비스의 안전성 측면에서 파일럿 탑승은 장기간 유지될 것이다. 자율비행 기술이 고도화되고 안전성이 확보된 시점에 UAM은 자율비행 체계로 전환될 수 있다. UAM 사업체는 운항 가동률과 자율비행 시점을 고려해 파일럿 정원을 관리해야 한다. UAM 사업 규모와 성장세에 따라 적정 수의 파일럿 인력을 운영해야 한다.

eVTOL 정비 인력 육성도 중요하다. eVTOL 기체 결함으로 운항 일정이 취소되면 사업에 큰 손실이 발생한다. 다수의 eVTOL을 확보하기도 어렵기 때문에 대체 항공편 운영도 쉽지 않다. 그러므로 eVTOL 문제가 발생하면 신속·정확하게 수리해야 한다. eVTOL 전문 정비 인력을 육성해 문제 원인 파악, 정비, 유지 보수 등 체계적인 정비 표준을 만들어야 한다. 우수한 정비 인력 확보는 UAM 사업의 경쟁력을 높일 수 있는 길이다.

궁극적으로 UAM 사업은 초연결 모빌리티 생태계 구축을 위한 핵심 역할을 해야 한다. 버티포트는 지상과 하늘을 연결하는 모빌리티 허브이자, 지상 모빌리티 서비스 거점으로 활용될 수 있다. 예를 들어, 버티포트는 카셰어링과 카헤일링 차량 관리와 서비스 수요 확보를 위한 최적의 거점이 될 수 있다. 향후 확대될 드론 배송을 위한 물류 기지로도 활용될 수 있다. UAM 사업을 단순히 도심 항공 서비스로 국한해서는 안 된다. 모빌리티 서비스, 물류, 관광, 부동산 등 다양한 산업과 융합하는 것이 핵심이다. UAM 중심으로 연결되는 새로운 모빌리티 생태계를 구축해야 한다. 이를 통해 UAM은 이동 서비스를 넘어 사업 영역을 확대할 수 있다. 사업 다각화는 신규 수익 창출의 기반이 되고 지속 성장을 위한 원동력이 된다.

K-UAM의 미래는 글로벌 UAM 시장을 선도할 수 있는 서비스 플랫폼 구축에 달려 있다. 우버가 자동차를 만들었는가? 아니다. 우버는 기존에 없던 새로운 플랫폼으로 모빌리티 서비스의 혁신을 선도했다. UAM도 마찬가지다. 고객 경험과 사업 최적화 관점에서 이상적인 UAM 플랫폼을 구축한다면, 다가오는 UAM 시대에 주인공으로 올라서게 될 것이다.

과거 중국의 경쟁력은 저렴한 노동력과 거대한 내수 시장이었다. 미국과 유럽 등 모빌리티 선도국을 따라가는 추격자에 불과했다. 이제는 아니다. 중국은 핵심 기술 내재화와 공급망 장악을 통해 속도와 규모에서 경쟁국을 압도하고 있다. 전기차, 배터리, 자율주행, 로보틱스, UAM 등 미래 모빌리티 패러다임도 선도하고 있다. 이제 중국은 추격자가 아닌 모빌리티 산업의 게임 체인저로 등극했다.

전기차 세계 1위, 글로벌 자동차 순위 10위권 진입, 글로벌 전기차 배터리 점유율 50% 이상, 자율주행 레벨 3 승인, 휴머노이드 로봇 상용화, UAM 서비스 개시까지 중국이 달성한 성과는 독보적이다. 하루아침에 일어난 일이 아니다. 중국은 국가 차원에서 전략 방향성을 명확히 했다. 적극적인 산업 지원과 자국 업체 육성을 통해 지금의 결과를 만들었다.

우리가 당면한 리스크는 중국의 성장, 그 자체가 아니다. 중국이 주도한 변화를 과거의 시각으로 해석하고 과소평가한 안일함이다. 모빌리티 경쟁에서 기술 격차는 좁혀졌고 시장 주도권은 이동하기 시작했다.

냉정한 현실 인식과 전략적 선택이 필요하다. 중국이 만든 변화를 직시하고 산업의 본질을 다시 정의해야 한다. 중장기 관점에서 전략적 방향성을 명확히 하고 실행해야 한다.

이제 우리는 세계 최대 자동차 시장인 중국을 공략해야 한다. 중국 고객들을 사로잡을 수 있는 전기차를 개발하고, 중국 현지 업체와의 협업을 통해 신기술 역량을 강화해야 한다. 리스크 최소화 관점에서 중국 생산공장을 아시아 EV 허브로 운영해야 한다. 모든 전략은 '트레이드오프'다. 선택과 집중을 통해 차별화된 경쟁 우위를 확보해야 한다.

해외로 진출 중인 중국 자동차 업체에도 대응해야 한다. 전기차 기반인 중국 업체들의 한계점을 이용하면 된다. 파워트레인 다변화와 자동차 기업 동맹이 해답이 될 수 있다.

자동차의 차세대 경쟁력인 SDV 기술 경쟁에서도 승리해야 한다. SDV는 자율주행으로 가는 기반이다. 기술력이 아닌 고객 가치에 집중해야 한다. 고객 중심의 SDV 전략과 조직 운영이 핵심이다.

중국이 장악한 전기차 배터리 시장에서 어떻게 생존할 것인가? 그 답은 본격적인 전기차 시대를 준비하기 위한 중장기 전략 수립에 있다. 전환점은 자동차 기업의 배터리 내재화다. 시장 환경과 자동차 기업의 전동화 전략에 맞춰 대응 방안을 수립해야 한다.

BYD, 샤오펑, 바이두 등 중국 업체들의 자율주행 기술력은 빠르게 발전하고 있다. 중국의 속도와 실행력에 주목해야 한다. 자율주행은 도로 위에서 완성된다. 자율주행 실증을 통해 기술력을 정교화해야 한다. 사람들의 삶 속에 자율주행을 구현하는 것이 목표다. 정부의 적극적인 정책 지원은 반드시 수반되어야 한다.

애지봇, 유니트리 등 중국 휴머노이드 로봇 기업들이 시장을 장악하고 있다. 가격과 속도에서 앞서고 있는 중국 업체와 경쟁하기 위해서는 기술과 실증의 대응 전략이 필요하다. 지능형 고성능 로봇을 개발해 피지컬 AI 표준을 선점해야 한다.

UAM 상용화와 해외 진출을 준비하고 있는 중국에 비해 국내 UAM 상용화 목표는 지연되고 있다. 플랫폼에 집중해야 한다. 고객 경험과 사업 지속가능성 관점에서 서비스 모델을 설계해야 한다.

글로벌 모빌리티 패권 전쟁은 이미 시작됐다. 중국이 주도한 변화는 단순한 산업 경쟁을 넘어 국가 차원의 기술 경쟁으로 확장되고 있다. 개별 기업의 대응만으론 감당하기 어려운 구조다. 기존의 성공 방식도 더는 유효하지 않다. 과거가 아닌 미래에 대한 준비가 필요하다. 대내외 환경 분석을 통한 명확한 전략 수립과 실행력만이 해답이 될 것이다.

이 책이 모빌리티 산업의 미래를 준비하고 있는 사람들에게 도움이 되길 바란다.

모빌리티 산업에 재직 중인 사람들과 만나서 중국 관련 이야기를 한 적이 있다. 생각보다 중국에 대해 크게 신경을 쓰지 않아 놀라웠다.

많은 사람이 "현대자동차는 중국이 아니라 미국과 유럽에 집중하면 된다", "CATL은 미국 진출이 불가능하므로 결국 국내 배터리 업체가 유리하다", "UAM은 국제 표준이 중요하므로 중국은 자국 내에서만 사업이 가능하다"라고 말했다. 오래전 일도 아니다. 불과 2~3년 전 일이다. 그때부터 이 책을 쓰기 시작했다. '중국 친화적이다, 글로벌 정세에 대한 이해가 부족하다'라는 비판을 받은 적도 있다. 하지만 중국이 만들고 있는 변화가 얼마나 위협적인지 공유하고 싶었다. 그게 전략 담당자가 해야 할 일이라고 생각한다.

이번 책을 집필하면서 중국이 만든 성과가 얼마나 대단한지 체감하게 됐다. 전기차, SDV, 배터리, 자율주행, 로보틱스, UAM에서 이렇게 빠른 성과를 만든 건 이례적인 일이다. 중국 정부와 기업이 만든 결과물이다.

다시 한번 강조하지만, 이 책은 중국에 대한 찬양문이 아니다. 오히려 그 반대다. 날로 강력해지는 중국의 모빌리티 경쟁력을 냉철하게 분석하고 앞으로 나아가야 할 방향을 점검하기 위해서다. 중국과의 경쟁에서 승리하기 위한 전략 제시에 목적을 두었다.

마지막으로 이 책을 집필하는 데 도움을 준 분들에게 감사의 글을 올린다. 늘 존경하고 사랑하는 부모님과 형, 언제나 내 편이 되어 준 가족들과 친구들에게 감사를 표한다. 그들의 믿음과 지지를 통해 앞으로 나아갈 수 있었다. 함께 근무한 직장 선후배와 동료들에게도 감사함을 전한다. 그들과 일했던 시간은 직장 생활의 빛나는 순간이었다. 함께 만들었던 성과와 힘겨웠던 경험 덕분에 지금까지 성장할 수 있었다.

한결같이 나를 지원해 준 사랑하는 아내 영주와 축복처럼 우리에게 와준 태리에게 고마움을 전한다. 밝은 미래를 꿈꾸게 해준 내 삶의 원동력이다.

참고 사이트

- https://www.hyundaimotorgroup.com
- https://global.toyota/en
- https://www.volkswagen.co.kr
- https://www.volkswagen-group.com/en
- https://www.volkswagen-newsroom.com/en
- https://www.tesla.com/
- https://www.tesla.com/ko_kr
- https://www.byd.com/en
- https://www.xpeng.com/
- https://www.cadillac.co.kr/
- https://42dot.ai/
- https://woven.toyota/en/
- https://pony.ai/
- https://waymo.com/
- https://cariad.technology/
- https://www.apollo.auto/en/apollo-self-driving
- https://omdia.tech.informa.com/
- https://www.sneresearch.com/kr/home/
- https://www.wardsauto.com/
- https://www.catl.com/kr/
- https://www.jobyaviation.com/
- https://archer.com/
- https://www.supernal.aero/
- https://www.ehang.com/
- https://skyports.net/ko/
- https://www.focus2move.com
- https://www.autonews.com/
- https://kr.news.cn/index.htm
- http://www.caam.org.cn
- https://settingsinfotech.com
- https://nypost.com/
- https://www.autonomousvehicleinternational.com/